_____ 드림

초판 1쇄 인쇄 2014년 10월 6일
초판 1쇄 발행 2014년 10월 13일

지은이 니뜨

발행인 장상진
발행처 (주)경향비피
등록번호 제2012-000228호
등록일자 2012년 7월 2일

주소 서울시 영등포구 양평동 2가 37-1번지 동아프라임밸리 507-508호
전화 1644-5613 | **팩스** 02) 304-5613

ⓒ 니뜨
ISBN 978-89-6952-040-1 13630

· 값은 표지에 있습니다.
· 파본은 구입하신 서점에서 바꿔드립니다.

그와 내가 함께 입는 손뜨개 커플 아이템 22종

니뜨 지음

커플 손뜨개

내·가·짜·서·함·께·입·는

경향BP

내가 만드는,
그와 나의 커플 손뜨개!

PROLOGUE

〈커플 손뜨개〉 책에 담을 작품의 디자인을 시작한 건 여름이 시작될 무렵이었습니다. 더운 날씨에 북슬북슬한 털실을 붙잡고 있기란 여간 힘든 일이 아니었습니다. 그래도 털실을 보는 순간 각각의 컬러와 느낌에 딱 맞는 디자인이 머릿속에 떠올라 무아지경으로 작업했던 것 같아요.

작품 하나하나마다 실의 특성과 디자인을 생각하며 떴다 풀었다 반복했어요. 여러 사람에게 입히고 벗기기도 많이 하였지요. 오로지 편하고 세련되면서 동시에 감각 있는 뜨개 작품을 디자인하고자 많은 노력을 했습니다. 누구보다 뜨거운 여름을 보냈고, '니뜨'에서 선보였던 7가지 작품 외에 새롭게 15가지의 작품을 디자인하여 총 22가지의 커플 뜨개 아이템을 완성할 수 있었습니다.

책 속 작품들에 응용된 기법들을 모아 기초 뜨개 파트를 따로 구성하였습니다. 또한 각각의 작품마다 자세한 과정 사진과 도안을 넣어 손뜨개 초보도 쉽게 따라 할 수 있도록 하였습니다. 추운 겨울, 사랑하는 사람에게 따스함을 전하는 선물을 내 손으로 직접 만들어보세요. 마지막으로 책을 출간하기까지 많은 도움을 주신 니뜨 동료 여러분과 경향미디어 편집부에 감사의 말씀 전합니다.

니뜨 디자이너 도희선

| CONTENTS |

PROLOGUE · 4
뜨개 재료 소개 · 8

PART 01
그와 맞는 첫 번째 겨울!
후다닥 떠도 스타일리시한
넥워머, 머플러

- 01 투스카니 넥워머 · 20
- 02 리치풀 모드 넥워머 · 21
- 03 울베이스 폼폼 후드 넥워머 · 23
- 04 아도르 숄 머플러 · 26
- 05 4색 포켓 머플러 · 28
- 06 버티칼 배색 머플러 · 29
- 07 더블 믹스 후드 머플러 · 32

PART 02
찬바람이 불어도 손잡는 건 포기할 수 없어!
마주 잡은 두 손에 커플향이
솔솔 나는 핸드워머, 장갑

- 08 칼리오페 버튼 핸드워머 · 40
- 09 아스트리드 핸드워머 · 43
- 10 가터 롱 핸드워머 · 45
- 11 소소한 일상 벙어리장갑 · 47
- 12 왕손 끈달이 벙어리장갑 · 49
- 13 유니크 손가락장갑 · 52

PART 03
머플러를 기대한 그에게 반전을!
무채색 향연의 겨울 패션에
포인트를 주는 비니, 모자

- 14 와플 고깔 비니 · 62
- 15 모스크바 귀달이 모자 · 64
- 16 롱테일 뒤트임 비니 · 66
- 17 심플라인 비니 · 68

PART 04
가을부터 준비하는 커플 아이템의 끝판왕!
정성 200%를 쏟아 부어
완성하는 스웨터, 카디건, 베스트

- 18 멜로우 꽈배기 니트 · 76
- 19 안단테 스웨터 · 80
- 20 레글런 롱 카디건 · 89
- 21 라떼 메쉬 베스트 · 88
- 22 아가일 베스트 · 90

PART 05

기뻐하는 그의 모습을 상상하며, 차근차근 따라 해 보자!
손뜨개 기초와 도안

손뜨개 기초 96
손뜨개 도안 123

뜨개 재료 소개

슬라브사
실의 굵기가 일정하지 않게 꼬인 실입니다. 편물을 떴을 때 실이 꼬인 굵기에 따라 볼륨감이 다르게 느껴집니다.

알파카
소목 낙타과인 알파카의 털로 만들어진 실입니다. 가볍고 포근한 것이 장점. 주로 울이나 아크릴과 혼용되어 사용됩니다.

아크릴사
합성섬유인 아크릴섬유로 만들어진 실입니다. 촉감이 부드럽고 가벼우며 세탁이 용이합니다.

메리노울
메리노 양의 털로 만들어진 실입니다. 양모 중에서도 질이 좋으며, 부드럽고 보온성이 높아 겨울 제품에 주로 사용됩니다.

폴리 깃털사
합성섬유인 폴리에스테르를 원료로 만들어진 실입니다. 굉장히 부드럽고 가벼우며, 깃털처럼 원사에 가공한 것이 특징입니다.

굵은 면실
두께감이 있는 면사는 계절과 구분 없이 많이 사용됩니다. 통기성이 좋아 의류에 주로 사용됩니다.

가는 면실
여름용 소품뜨기에 많이 사용됩니다. 대바늘보다는 코바늘뜨기에 적합합니다.

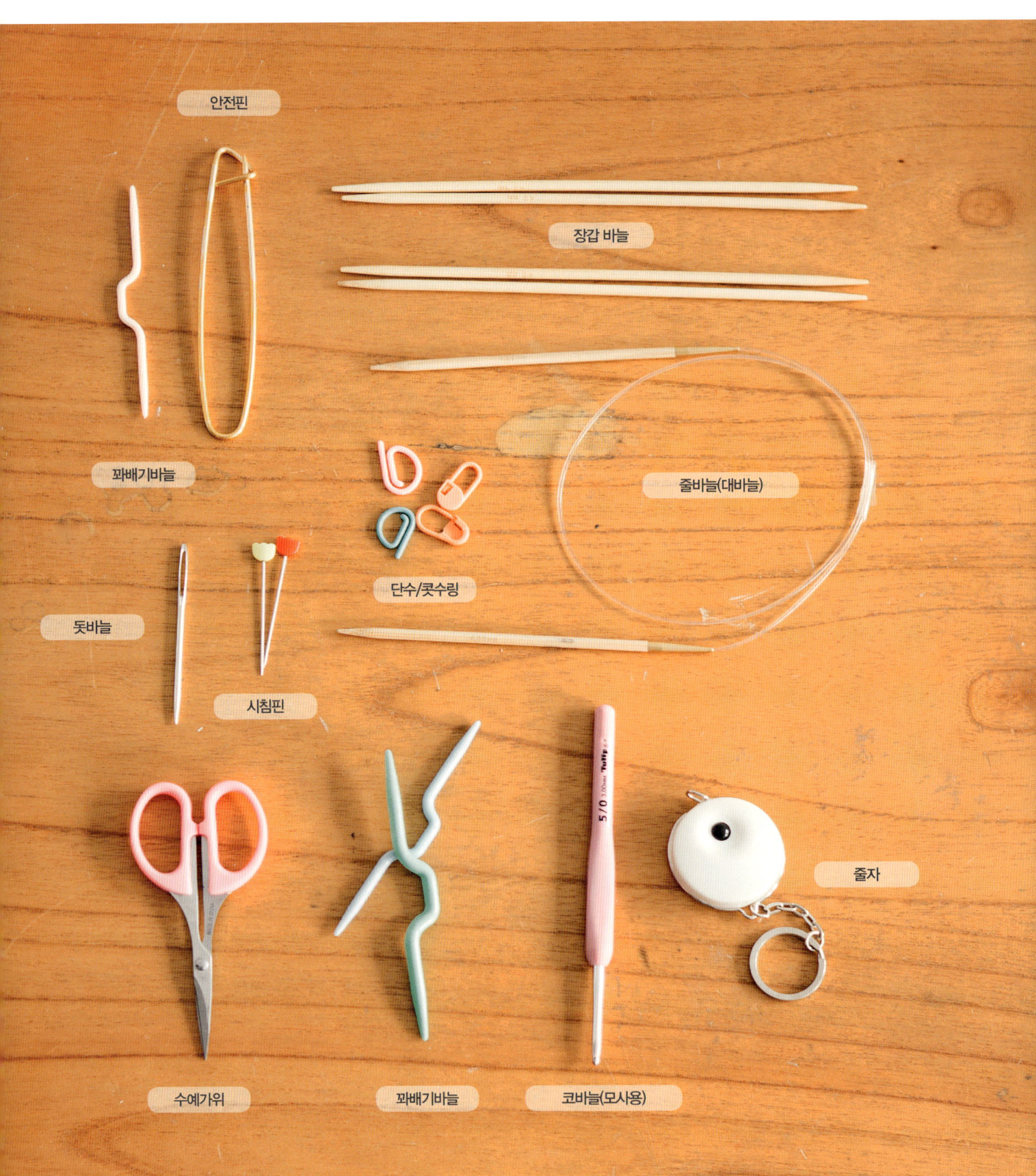

26 PAGE

28 PAGE

32 PAGE

PART 01

그와 맞는 첫 번째 겨울!
후다닥 떠도 스타일리시한 넥워머, 머플러

01
TUSCANI NECK WARMER
투스카니 넥워머

뜨기 쉬운 메리야스뜨기법과 세련된 그라데이션의 만남.
심플한 옷차림에 화려한 포인트가 되어줍니다.

02
RICHFUL MODE NECK WARMER
리치풀 모드 넥워머
바늘비우기를 이용한 구멍무늬로 풍부한 볼륨감이 돋보이는 넥워머.
목에 두 번 감아 연출하면 포근함이 물씬 느껴집니다.

03
WOOLBASE POMPOM HOOD NECK WARMER
울베이스 폼폼 후드 넥워머
고무뜨기를 이용한 후드 넥워머.
컬러풀한 폼폼 방울이 귀엽습니다.
넉넉한 후드 사이즈라 착용했을 때 더욱 따뜻합니다.

04
ADORE SHAWL MUFFLER
아도르 숄 머플러
내추럴한 조끼 디자인의 숄과 도톰한 머플러.
부드러운 곡선의 패턴이 살아나 세련되어 보입니다.

05

FOUR-COLORED POCKET MUFFLER

4색 포켓 머플러

깔끔한 가터뜨기에 배색을 넣은 머플러.
포인트로 포켓까지 달아주면 더욱 스타일리시합니다.

06
VERTICAL COLOR MATCHING MUFFLER
버티칼 배색 머플러
편물 사이사이로 보이는 컬러 배색이 포인트인 머플러.
앞뒤 색상을 다르게 표현해 다양한 연출을 할 수 있습니다.

07
DOUBLE MIXED HOOD MUFFLER
더블 믹스 후드 머플러

두 가지 색이 이루는 고급스러운 조화에 작은 꽈배기를 넣어 믹스 매치한 머플러.
머플러를 반으로 접어 연결하면 후드까지 완성입니다.

01 투스카니 넥워머
NECK WARMER

사용 실 투스카니
실 색상 (남) 그레이 블랙 믹스
　　　　　(여) 그린 블루 믹스
바늘 호수 대바늘 7.0mm
작품 14페이지
도안 123페이지

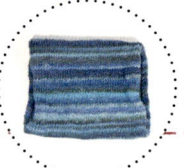

01 별실로 사슬뜨기 55코를 떠주고 사슬뜨기 콧등에서 본실로 코를 주워줍니다.

02 안뜨기 방향으로 바늘을 넣어 걸러뜨기를 2코 해줍니다.

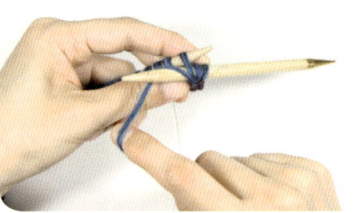

03 안뜨기부터 시작하여 메리야스뜨기를 해줍니다.

04 약 66cm(118단)까지 떠줍니다.

05 별실을 천천히 풀어내면 밑단에 코가 생깁니다.

06 밑단에 생긴 코들을 바늘에 끼워줍니다.

07 별실에 걸려 있는 끝코까지 걸어 총 55코를 끼워줍니다.

08 위단과 아랫단을 마주대고 메리야스 잇기를 해줍니다.

09 실을 적당히 잡아당겨 메리야스 무늬를 자연스럽게 연결해줍니다.

HOW TO MAKE

02

리치풀 모드 넥워머

NECK WARMER

사용 실 모드
실 색상 (남) 검정
(여) 흰색
바늘 호수 대바늘 7.0mm
작품 15페이지
도안 124페이지

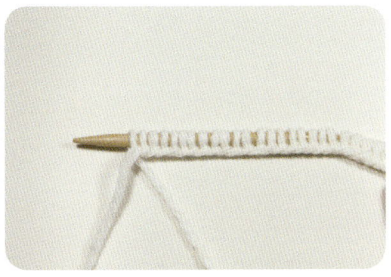
01 일반코로 161코 잡아줍니다.

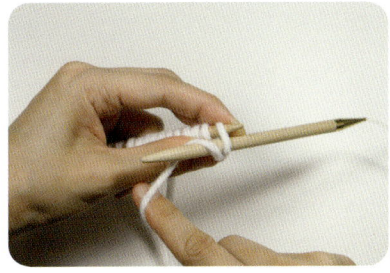
02 뒤로 돌려 안뜨기로 시작하여 1코 고무뜨기를 떠줍니다.

03 1코 고무뜨기로 6단을 떠줍니다.

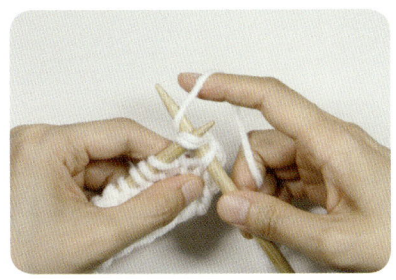
04 1코 겉뜨기를 하고 왼코 겹치기를 1회 해줍니다.

05 바늘비우기를 1회 해줍니다.

06 왼코 겹치기 1회, 바늘비우기 1회를 세트로 끝까지 반복해줍니다.

07 마지막 바늘비우기를 하고 겉뜨기 2코를 떠줍니다.

08 뒤로 돌려 겉뜨기 1코를 해줍니다.

09 다음은 왼코 겹치기를 1회 해줍니다.

10 바늘비우기를 1회 해줍니다.

11 왼코 겹치기 1회, 바늘비우기 1회를 세트로 끝까지 반복해줍니다.

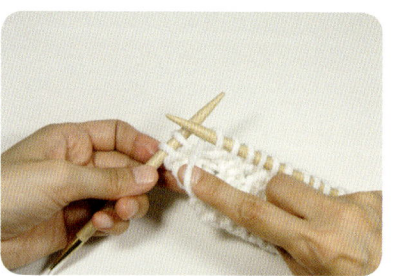
12 마지막 바늘비우기를 하고 겉뜨기 2코를 떠줍니다.

13 반복하여 무늬를 만들어줍니다.

14 약 20cm 정도 무늬를 떠줍니다.

15 겉뜨기부터 시작하여 1코 고무뜨기 6단을 떠줍니다.

16 겉뜨기는 겉뜨기로, 안뜨기는 안뜨기로 뜨면서 코막음을 해줍니다.

17 끝까지 코막음을 해주고 실을 여유 있게 남기고 잘라줍니다.

18 옆 솔기 연결을 위해 넥워머를 반으로 접어줍니다.

19 과정 17에서 남겨놓은 실로 솔기를 반코에서 연결해줍니다.

20 끝까지 연결해주고 남은 실은 뒤로 정리해줍니다.

03 울베이스 폼폼 후드 넥워머

NECK WARMER

사용 실 울베이스, 지니울
실 색상 (남) 연그레이(울베이스), 네이비(지니울)
(여) 연그레이(울베이스), 핫핑크(지니울)
바늘 호수 대바늘 7.0mm
작품 15페이지
도안 125페이지

01 일반코잡기로 100코를 잡아줍니다.

02 원형뜨기로 2:3 고무뜨기를 해줍니다. 겉뜨기 1코부터 시작합니다.

03 30단까지 떠줍니다.

04 겉뜨기는 그대로 뜨고 안뜨기에서 2코 모아 떠줍니다.

05 1단을 끝까지 뜨면 20코가 줄어들고 2:2 고무뜨기가 됩니다.

06 또다시 겉뜨기는 그대로 뜨고 안뜨기에서 2코 모아 떠줍니다.

07 1단을 끝까지 뜨면 또 20코가 줄어들고 2:1 고무뜨기가 됩니다.

08 코줄임이 끝나면 모자 부분은 편물을 뒤로 돌려줍니다.

09 첫코는 걸러뜨기를 해주고 무늬에 맞춰 고무뜨기로 떠줍니다.

10 1단을 뜨고 나면 평뜨기로 뜨는 부분은 벌어지게 됩니다.

11 단을 다 뜨면 다시 뒤로 돌려 떠줍니다.

12 60단까지 떠주고 실을 여유 있게 남기고 잘라줍니다.

13 돗바늘로 모자 윗부분을 연결해줍니다.

14 아래쪽 첫코의 뒤에서 앞으로 돗바늘을 넣어줍니다.

15 돗바늘을 통과시켜 실을 잡아당겨줍니다.

16 위쪽 바늘 첫코의 앞에서 뒤쪽 방향으로 돗바늘을 넣어줍니다.

17 돗바늘을 통과시켜 실을 잡아당겨줍니다.

18 아래쪽 바늘 첫코와 2번째 코의 앞에서 뒤쪽 방향으로 돗바늘을 넣어 실을 잡아당겨줍니다.

19 위쪽 바늘 첫코와 2번째 코의 뒤에서 앞쪽 방향으로 돗바늘을 넣어 실을 잡아당겨줍니다.

20 아래쪽 바늘 2번째 코와 3번째 코의 뒤에서 앞쪽 방향으로 돗바늘을 넣어 실을 잡아당겨줍니다.

21 위쪽 바늘 2번째 코와 3번째 코의 앞에서 뒤쪽 방향으로 돗바늘을 넣어 실을 잡아당겨줍니다.

22 아래쪽 바늘 3번째 코의 앞에서 뒤, 4번째 코의 뒤에서 앞쪽 방향으로 실을 통과시킵니다.

23 위쪽 바늘 3번째 코의 뒤에서 앞, 4번째 코의 앞에서 뒤쪽 방향으로 실을 통과시킵니다.

24 아래쪽 바늘 4번째 코의 앞에서 뒤, 5번째 코의 앞에서 뒤쪽 방향으로 실을 통과시킵니다.

25 과정 18~24를 반복하면 반코씩 밀려 고무단이 연결됩니다.

26 폼폼메이커 등을 이용하여 방울을 만들어줍니다.

27 돗바늘을 이용하여 방울의 끈을 모자 안으로 각각 넣어줍니다.

28 방울 가운데에 있는 실을 모자 안쪽으로 넣어 서로 묶어줍니다.

29 실을 다시 밖으로 빼내어 방울 사이로 통과시켜 방울을 단단히 달아 줍니다.

30 삐져나온 실은 길이에 맞춰 잘라줍니다.

04 아도르 숄 머플러 — MUFFLER

사용 실 아도르
실 색상 (남) 밤색
 (여) 빨강
바늘 호수 대바늘 6.0mm

작품 16페이지
도안 126페이지

01 80코를 잡아주고, 뒤로 돌려 겉뜨기로 1단 떠줍니다.

02 3번째 단에서 4코를 뜨고 바늘비우기를 하여 무늬뜨기를 시작합니다.

03 7코 겉뜨기를 떠준 다음 왼코 겹치기(2코 모아뜨기)를 해줍니다.

04 마지막 무늬는 2코 모아뜨기로 끝나고 4코가 남습니다.

05 뒤로 돌려 4코를 뜨고 안뜨기로 2코 모아뜨기를 해줍니다.

06 11단째의 무늬는 4코를 뜨고 오른코 겹치기로 시작이 됩니다.

07 겉뜨기로 7코 뜨고 바늘비우기를 합니다.

08 마지막 무늬는 바늘비우기로 끝이 나고 4코가 남습니다.

09 12단째에는 6코째가 바늘비우기가 되고 안뜨기로 6코 떠줍니다.

HOW TO MAKE

10 왼쪽 바늘에 있는 코 2개의 순서를 바꿔줍니다.

11 순서가 바뀐 2코를 한번에 안뜨기로 떠줍니다.

TIP
뒤로 돌려보면 줄여준 선이 한쪽 방향으로 이어짐을 확인할 수 있습니다.

12 도안대로 무늬를 만들어 떠주며 64단까지 떠줍니다.

13 왼쪽의 31코를 안전핀에 옮겨두면 오른쪽은 49코가 남습니다.

14 오른쪽의 49코만 32단을 떠주고 실뭉치는 그대로 둡니다.

15 왼쪽의 31코를 다른 바늘에 옮겨줍니다.

16 다른 실뭉치를 사용하여 첫코는 1코 늘리기로 시작하여 32단을 떠주고 실을 잘라줍니다.

17 다시 맨 오른쪽부터 시작하여 무늬뜨기를 떠줍니다.

18 두 개의 조직이 연결되는 부분에는 바늘비우기 1코가 있습니다.

19 계속하여 이어서 떠줍니다.

20 같은 방법으로 구멍을 한 개 더 만들어주고 가터뜨기로 코막음을 하여 완성합니다.

27

05 4색 포켓 머플러
MUFFLER

사용 실 알파카에이스
실 색상 (남) 흰색, 올리브, 베이지, 그레이
(여) 흰색, 다크레드, 베이지, 그레이
바늘 호수 대바늘 7.0mm
작품 17페이지
도안 127페이지

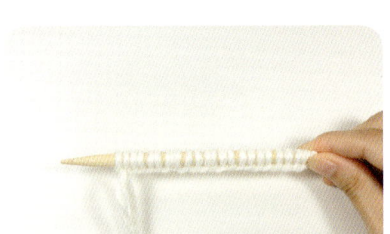
01 일반코 24코를 잡아줍니다.

02 양끝은 1코씩 걸러뜨기를 하고 겉뜨기하면서 가터뜨기를 해줍니다.

03 가터뜨기 56단을 뜨고 나면 그레이색 실을 묶어주고, 흰색 실은 잘라줍니다.

04 그레이색 실로 떠줍니다.

05 같은 방법으로 단수에 맞춰 색을 바꾸어 떠줍니다.

06 마지막까지 뜬 후 코막음을 해줍니다.

07 19코 잡아 메리야스뜨기 16단, 1코 고무뜨기 6단을 떠주어 주머니를 두 장 만들어줍니다.

08 목도리의 양끝에 돗바늘로 바느질하여 둘레를 달아줍니다.

HOW TO MAKE

06
버티칼 배색 머플러
MUFFLER

사용 실 시베리아
실 색상 (남) 베이지, 네이비
        (여) 베이지, 주홍
바늘 호수 대바늘 6.0mm
작품 18페이지
도안 128페이지

01 별실로 1코 코잡기를 24코 잡아줍니다.

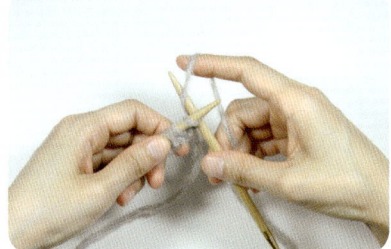
02 첫코는 겉뜨기를 해줍니다.

03 끌어올리기를 하기 위해 실을 앞으로 놓습니다.

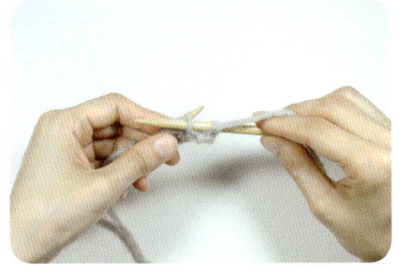
04 다음 코를 안뜨기 방향으로 빼주어 끌어올리기 코를 만들어줍니다.

05 다음 코를 겉뜨기하면서 2~4번까지 반복하여 끝까지 떠줍니다.

06 마지막 코는 끌어올리기 코로 끝이 났습니다.

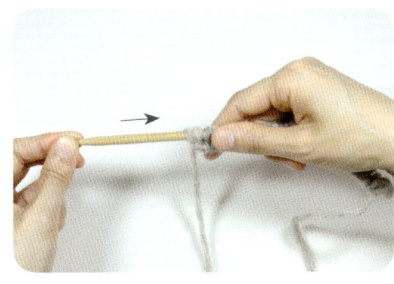
07 편물을 오른쪽 끝으로 밀어줍니다.

08 주황색 실을 앞에 놓고 첫코에 안뜨기 방향으로 바늘을 넣습니다.

09 첫코를 그대로 빼주어 끌어올리기 코를 만들어주고 실을 앞으로 놓아 둡니다.

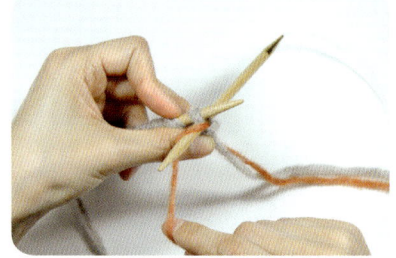
10 안뜨기로 끌어올리기 코의 2코를 한 번에 떠줍니다.

11 다음 코는 또 끌어올리기 코가 되고 8~10번까지 반복합니다.

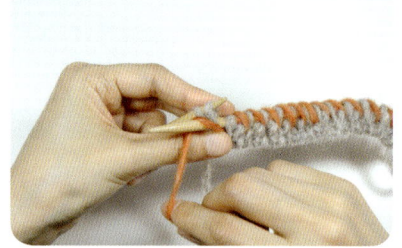
12 마지막 코는 안뜨기가 되고 밑단의 끌어올리기 코의 2코를 한번에 떠줍니다.

13 편물을 뒤로 돌려 베이지색 실을 앞으로 놓고 안뜨기 방향으로 빼주어 끌어올리기 코를 만들어줍니다.

14 실을 앞으로 놓아 둡니다.

15 밑단의 끌어올리기 2코를 안뜨기로 떠줍니다.

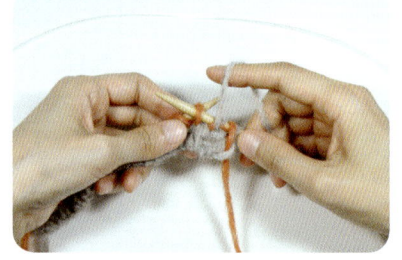
16 다음 코는 끌어올리기 코가 되고, 과정 13~15를 반복하여 떠줍니다.

17 마지막 코는 안뜨기로 끝이 납니다.

18 편물을 오른쪽 방향으로 끝까지 밀어줍니다.

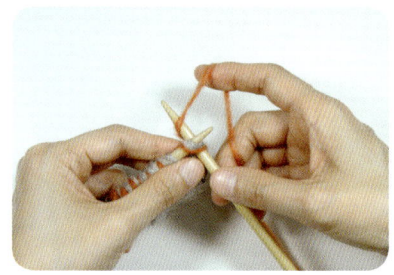
19 주황색 실로 끌어올리기 코를 겉뜨기로 떠줍니다.

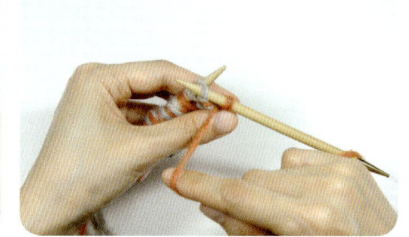
20 실을 앞으로 놓고 다음 코를 안뜨기 방향으로 빼주어 끌어올리기 코를 만들어줍니다.

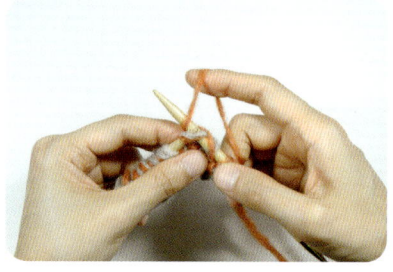
21 그대로 다음 코(끌어올리기 코)를 겉뜨기해줍니다.

HOW TO MAKE

22 마지막 코가 끌어올리기 코로 끝이 납니다.

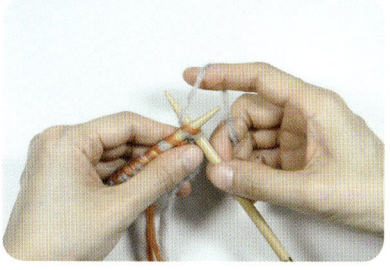
23 편물을 뒤로 돌려 첫코(끌리올리기 코)를 겉뜨기로 떠줍니다.

24 실을 앞으로 놓고 다음 코를 안뜨기 방향으로 빼주어 끌어올리기 코를 만들어줍니다.

25 다음 코는 겉뜨기로 떠주고 끝까지 반복해줍니다.

26 과정 8~25를 반복하여 단을 떠주고 원하는 길이까지 떠줍니다.

27 주황색 실로 1코 고무뜨기를 떠줍니다.

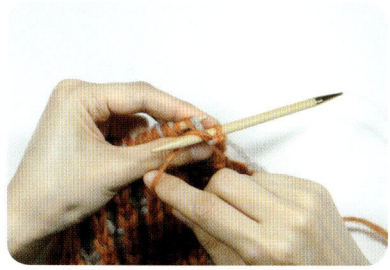
28 안뜨기를 할 때는 끌어올리기 코(2코)를 한번에 떠줍니다.

29 실을 여유 있게 남기고 잘라줍니다.

30 돗바늘을 이용하여 1코 고무뜨기로 코막음을 해줍니다.

31 남은 실은 안쪽으로 넣어 보이지 않게 정리해줍니다.

31

07
더블 믹스 후드 머플러
MUFFLER

사용 실 7ply(7플라이)
실 색상 (남) 소라, 멜란 연그레이
(여) 민트, 멜란 연그레이
바늘 호수 대바늘 12.0mm, 8.0mm
작품 19페이지
도안 129페이지

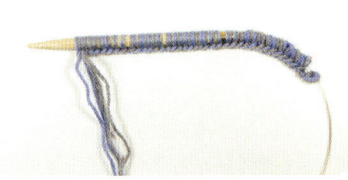
01 8.0mm 바늘로 일반코 40코를 잡아줍니다.

02 뒤로 돌려 1코 고무뜨기를 해줍니다.

03 고무뜨기 8단을 떠줍니다.

04 12mm 바늘로 바꾸어 걸러뜨기 1코를 해주고 오른쪽 위 교차뜨기를 해줍니다.

05 오른쪽 위 교차뜨기를 끝까지 반복해주고 마지막 1코는 겉뜨기를 해줍니다.

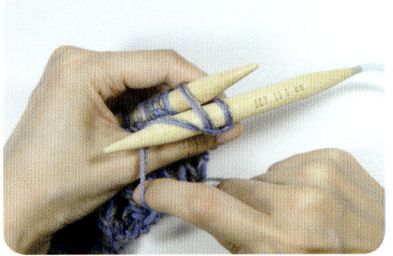
06 뒤로 돌려 걸러뜨기 1코, 안뜨기 1코를 떠줍니다.

07 안뜨기로 왼쪽 위 교차뜨기를 해줍니다.

08 반복하여 교차뜨기를 해주고 마지막 2코는 안뜨기로 떠줍니다.

09 반복하여 무늬를 110단 떠줍니다.

HOW TO MAKE

10 다시 8.0mm 바늘로 바꾸어 겉뜨기 하고, 모자 만들기를 시작합니다.

11 뒤로 돌려 7코는 겉뜨기로 떠주고, 나머지는 안뜨기로 떠줍니다.

12 왼쪽 7코는 가터뜨기 나머지는 메리야스뜨기를 하면서 100단을 떠줍니다.

13 12.0mm 바늘로 바꾸어 무늬뜨기를 110단 떠줍니다.

14 다시 8.0mm 바늘로 바꾸어 1코 고무뜨기를 떠줍니다.

15 8단을 떠주고 코막음을 해줍니다.

16 메리야스 부분을 반으로 접어줍니다.

17 돗바늘에 실을 끼워 뒤에서 실을 고정시켜줍니다.

18 양쪽 솔기를 연결해줍니다.

19 뒤로 돌려 실 정리를 해줍니다.

33

45 PAGE

47 PAGE

52 PAGE

PART 02

찬바람이 불어도 손잡는 건 포기할 수 없어!

마주 잡은 두 손에 커플향이 솔솔 나는 핸드워머, 장갑

08
CALLIOPE BUTTON HAND WARMER
칼리오페 버튼 핸드워머
손가락이 자유로운 핸드워머.
여러 가지 컬러의 실을 믹스해 꼼꼼히 짜주고,
마무리는 투 버튼으로 장식합니다.

09
ASTRID HAND WARMER
아스트리드 핸드워머
중세시대 가죽 장갑에서 모티브를 얻은 핸드워머.
X자로 포인트를 준 끈이 멋스럽습니다.

10
GARTER LONG HAND WARMER
가터 롱 핸드워머

팔을 감싸주는 롱 스타일 핸드워머.
멜란지 컬러가 고급스럽고 세련되어 남녀 모두에게 잘 어울립니다.

11
NORMAL DAYS MITTENS
소소한 일상 벙어리장갑

레드와 네이비의 캐쥬얼한 배색이 포인트인 벙어리장갑
따스한 사랑을 키하는 커플 벙어리장갑 입니다

13
UNIQUE FINGER GLOVE
유니크 손가락장갑

앞면과 뒷면의 색상을 달리한 손가락장갑.
울 100%의 털실로 짜면 바람 샐 틈 없이 포근합니다.

12
BIG HAND STRING GLOVE
왕손 끈달이 벙어리장갑
끈을 연결하여 더 귀엽고 실용적인 벙어리장갑.
어린아이처럼 순수하고 귀여운 사랑을 하고 있다는 걸 뽐내보세요.

08
칼리오페 버튼 핸드워머
HAND WARMER

사용 실 칼리오페
실 색상 (남) No. 17
　　　　　(여) No. 18
바늘 호수 대바늘 4.0mm

작품 36페이지
도안 130페이지

01 왼손 손등부터 뜹니다. 일반코 58코를 잡아줍니다.

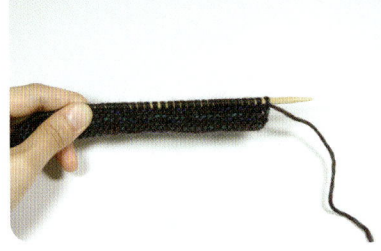
02 가터뜨기로 6단을 떠줍니다.

03 7단째에 4코 남겨두고 바늘비우기를 해줍니다.

04 그다음 왼코 겹치기를 해줍니다.

TIP 단춧구멍이 만들어졌습니다.

05 도안을 참고하여 단춧구멍을 1개 더 만들어줍니다.

06 뒤로 돌려 22단째 10코 코막음을 해줍니다(오른손은 21단째에 코막음).

07 22단의 끝까지 안뜨기를 해줍니다.

08 23단째는 겉뜨기로 뜨면서 원형뜨기로 떠줍니다.

HOW TO MAKE

09 원형뜨기로 이어 첫코를 떠줍니다.

10 겉뜨기를 반복하여 메리야스뜨기를 해줍니다.

11 메리야스뜨기로 16단을 떠줍니다.

12 겉뜨기 28코를 떠줍니다.

13 별실을 이용하여 겉뜨기로 8코를 떠줍니다.

14 8코를 왼쪽 바늘로 옮겨줍니다.

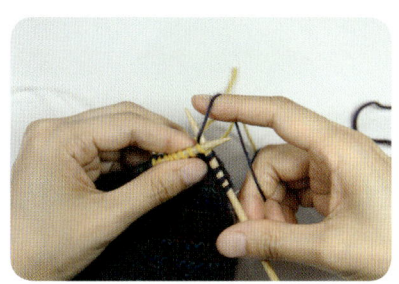
15 계속해서 겉뜨기를 떠줍니다.

16 이어서 24단 메리야스뜨기를 해줍니다.

17 겉뜨기로 1단을 떠줍니다.

18 안뜨기로 1단을 떠줍니다.

19 겉뜨기와 안뜨기를 반복해 떠주면서 가터뜨기로 10단을 떠줍니다.

20 코막음을 해줍니다.

41

21 실을 자르고 돗바늘로 실 정리를 해 줍니다.

22 별실을 풀어줍니다.

23 바늘에 옮겨줍니다.

24 양옆의 코를 주워줍니다.

25 같은 방법으로 원형뜨기를 하면서 가터뜨기로 8단을 떠줍니다.

26 코막음을 하고 엄지 부분을 완성해줍니다.

27 엄지의 벌어진 부분은 남은 실을 이용하여 돗바늘로 꿰매줍니다.

28 단춧구멍에 맞춰 알맞은 위치에 단추를 달아줍니다.

29 밑단추와 함께 달아주면 늘어짐을 방지할 수 있습니다.

HOW TO MAKE

09 아스트리드 핸드워머
HAND WARMER

사용 실 모드, 샐리
실 색상 (남) 머스타드(모드)
　　　　　(여) 레드(모드), 짙은 밤색(샐리)　**작품** 36페이지
바늘 호수 대바늘 6.5mm, 7.0mm　　　　　**도안** 131페이지

01 7.0mm 바늘을 사용하여 짙은 밤색 실로 26코 잡아줍니다.

02 겉뜨기를 반복하여 가터뜨기를 떠줍니다.

03 가터뜨기로 5cm(약 10단)를 떠줍니다.

04 빨간색 실을 묶어주고 짙은 밤색 실은 잘라줍니다.

05 빨간색 실로 6코마다 왼코 겹치기를 하여 4코를 줄여줍니다.

06 22코가 되었습니다.

07 빨간색 실은 원형으로 만들어 원형뜨기를 해줍니다.

08 32단까지 겉뜨기를 반복하여 메리야스 무늬를 떠줍니다.

09 엄지의 구멍을 만들 때는 6.5mm 바늘로 바꾸어 안쪽을 보면서 평뜨기로 떠줍니다.

10 1단을 뜨면 다시 겉면을 보면서 반대 방향으로 겉뜨기를 해줍니다.

11 총 8단을 평뜨기로 떠줍니다.

12 다시 원형으로 이어 떠줍니다.

13 원형으로 6단을 떠줍니다.

14 마지막 단은 1코 고무뜨기 4단을 떠줍니다.

15 남은 코는 돗바늘로 마무리해줍니다.

16 밑단 털 장식의 솔기도 돗바늘로 꿰매줍니다.

17 샤무드 끈으로 손등 부분에 운동화 끈 묶듯 엮어줍니다.

How To Make

10
가터 롱 핸드워머
HAND WARMER

사용 실 7ply(7플라이)
실 색상 (남) 멜란 카키
(여) 멜란 와인
바늘 호수 대바늘 4.0mm
작품 37페이지
도안 132페이지

01 일반코로 46코 잡아줍니다.

02 원형으로 잡아 1코 고무뜨기를 떠줍니다.

03 고무뜨기 10단을 떠줍니다.

04 겉뜨기만 반복하여 2단을 떠서 메리야스 무늬를 떠줍니다.

05 3번째 단은 손등의 가운데 코만 안뜨기로 떠줍니다.

06 반복하여 무늬를 만들어 약 15cm 떠줍니다.

07 다음 단에서 코늘림을 해줍니다(엄지 만들기).

08 뒤로 돌려 다음 코에서도 코늘림을 해줍니다.

09 2단에 한 번씩 반복해서 코늘림을 해줍니다.

10 코늘림했던 코들을 다음 단에서 마커링에 옮겨 쉼코로 놓습니다.

11 뒤로 돌려 나머지 코도 옮겨 쉼코로 둡니다.

12 엄지 부분의 쉼코는 남겨두고 나머지 부분은 원형으로 계속 떠줍니다.

13 무늬뜨기로 더 떠주고 1코 고무뜨기로 6단 떠줍니다.

14 겉뜨기와 안뜨기를 떠주면서 코막음을 해줍니다.

15 실을 잘라 돗바늘을 이용하여 실을 정리해줍니다.

16 엄지의 쉼코를 바늘로 옮겨줍니다.

17 원형으로 1코 고무뜨기 4단을 떠줍니다.

18 엄지의 벌어진 부분은 자투리 실을 이용하여 돗바늘로 꿰매줍니다.

11

소소한 일상 벙어리장갑

GLOVES

사용 실 알파카에이스
실 색상 (남) 네이비, 다크레드
　　　　　(여) 네이비, 다크레드
바늘 호수 대바늘 6.0mm
작품 38페이지
도안 133페이지

01 네이비색 실로 28코 잡아줍니다.

02 안뜨기 1코부터 시작하여 원형으로 2코 고무뜨기를 떠줍니다.

03 2코 고무뜨기 12단을 떠줍니다.

04 겉뜨기만 반복하여 메리야스 무늬를 떠줍니다.

05 2단째 14코에서는 엄지 부분의 코늘림을 해줍니다.

06 뒤로 돌려 15번째 코에서도 코늘림을 해줍니다.

07 2단에 한 번씩 코늘림을 해주며 6단까지 뜨고 다크레드색 실을 묶어 배색을 해줍니다.

08 4단마다 색을 바꾸어 배색을 넣어줍니다.

09 15번째 단에서 엄지늘림코 전까지 떠줍니다.

10 엄지의 7코는 마커링에 옮겨 쉼코로 둡니다.

11 뒤로 돌려 7코도 단수 마커링에 옮겨 쉼코로 둡니다.

12 남은 코들은 다시 원형으로 합쳐 배색을 넣어주며 계속 떠줍니다.

13 양옆 4군데에서 코를 줄여줍니다.

14 총 3단에 걸쳐 12코를 줄여줍니다.

15 남아 있는 코는 돗바늘을 이용하여 메리야스 잇기를 해줍니다.

메리야스 잇기를 해준 모습.

16 다음은 엄지의 쉼코를 바늘에 옮겨줍니다.

17 마찬가지로 원형뜨기로 메리야스 무늬를 떠줍니다.

18 코를 줄여주고 돗바늘을 이용하여 오므려줍니다.

19 엄지의 벌어진 부분은 자투리 실을 이용하여 돗바늘로 꿰매줍니다.

20 장갑을 뒤집어 실 정리를 해줍니다.

12
왕손 끈달이 벙어리장갑
GLOVES

사용 실 모드
실 색상 (남) 진베이지, 청록
        (여) 진베이지, 인디핑크
바늘 호수 대바늘 6.5mm, 7.0mm
        (남자용은 7.0mm 사용)

작품 39페이지
도안 135페이지

01   6.5mm 바늘을 사용하여 잔베이지색 실로 24코 잡아줍니다.

02   안뜨기 1코부터 시작하여 원형으로 2코 고무뜨기를 떠줍니다.

03   꽈배기 무늬를 넣어주며 떠줍니다.

04   무늬뜨기 12단을 떠줍니다.

05   인디핑크색 실로 바꾸어 겉뜨기를 반복하여 메리야스 무늬로 떠줍니다.

06   5번째 단의 12번째 코에서 코늘림을 해주어 엄지 늘림을 해줍니다.

07   뒤로 돌려 13번째 코에서도 코늘림을 해줍니다.

08   2단에 한 번씩 코늘림을 하여 총 10코를 늘려줍니다.

09   14번째 단에서 엄지 늘림코는 마커링에 옮겨 쉼코로 둡니다.

10 뒤로 돌려 늘어난 5코도 마커링에 옮겨 쉼코로 둡니다.

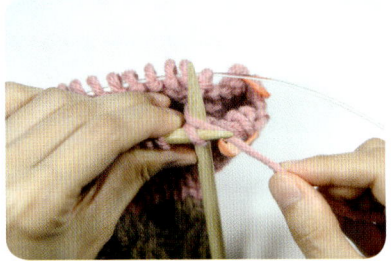

11 쉼코로 둔 10코는 그대로 두고 계속해서 원형으로 떠줍니다.

12 총 27단까지 떠줍니다.

13 양쪽으로 1코씩 줄여가며 3단을 더 떠줍니다.

14 남아 있는 코는 돗바늘을 이용하여 메리야스 잇기로 연결해줍니다.

15 남은 실은 안쪽으로 넣어 깔끔하게 정리해줍니다.

16 쉼코로 둔 코들을 바늘에 옮겨줍니다 (엄지 만들기).

17 진베이지색 실을 이용하여 원형으로 7단 떠줍니다.

18 8번째 단에서는 2코 모아뜨기를 해줍니다.

19 남아 있는 5코는 돗바늘을 이용하여 오므려줍니다.

20 남은 실은 안쪽으로 넣어 정리해줍니다.

21 엄지의 벌어진 부분은 자투리 실을 이용하여 돗바늘로 꿰매줍니다.

HOW TO MAKE

22 실 정리를 하고 같은 방법으로 하나 더 만들어 짝을 만들어줍니다.

23 약 5m 정도의 길이의 밑실을 남기고 장갑의 시작단에 사슬뜨기 1코를 해줍니다.

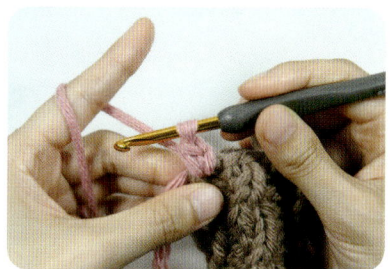
24 같은 곳에 짧은뜨기 1코를 해줍니다.

25 밑실을 코바늘에 2코 걸어줍니다.

26 2코를 한번에 짧은뜨기해줍니다.

ZOOM
이중사슬이 생깁니다.

27 다시 밑실을 걸어 반복하여 떠줍니다.

28 이중사슬뜨기를 약 150cm 정도 뜬 후 반대편 장갑의 밑단에 짧은뜨기를 해줍니다.

29 실을 자르고 안쪽으로 숨겨 정리해줍니다.

51

13

유니크 손가락장갑

GLOVES

사용 실 지니울
실 색상 (남) 밤색, 연그레이
　　　　　(여) 자몽핑크, 연베이지
바늘 호수 대바늘 4.0mm, 4.5mm
작품 38페이지
도안 136페이지

01 왼손 손등부터 뜹니다. 일반코로 27코 잡아줍니다.

02 뒤로 돌려 안뜨기부터 시작하여 메리야스뜨기를 떠줍니다.

03 메리야스뜨기 32단을 떠줍니다.

04 33단째 겉뜨기로 6코를 떠줍니다.

05 다음 코에서 오른코 늘리기를 1회 해줍니다.

06 다음 코에서 왼코 늘리기를 1회 해줍니다.

ZOOM

총 2코가 늘어났습니다.

07 끝까지 겉뜨기를 떠줍니다.

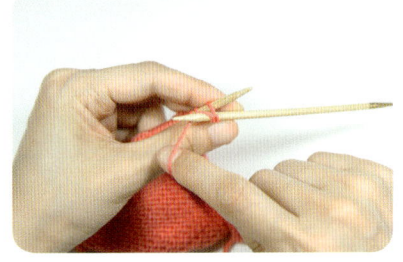

08 뒤로 돌려 안뜨기 1단을 떠줍니다.

HOW TO MAKE

09 다시 뒤로 돌려 겉뜨기 8코만 떠줍니다.

10 뒤로 돌려줍니다(엄지 따로 뜨기).

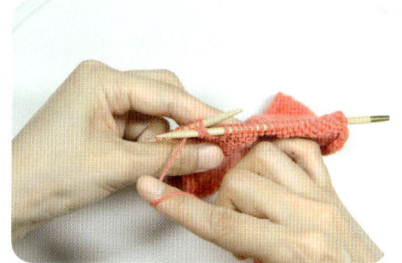
11 오른쪽 코는 남겨놓고 8코만 메리야스뜨기를 해줍니다.

12 엄지만 16단 메리야스뜨기를 해줍니다.

13 17단째 오른쪽에서 오른코 겹치기를 1회 해줍니다.

14 왼쪽에서는 왼코 겹치기를 1회 해줍니다.

15 엄지의 8코가 6코로 줄어들었습니다.

16 안뜨기 1단을 뜨고 코막음을 해줍니다.

17 실을 잘라줍니다.

18 왼쪽 바늘의 첫코에 실을 달아 떠줍니다.

19 메리야스뜨기 14단을 떠줍니다.

20 15단째 코늘림 부분에서 코를 늘려줍니다.

21 총 6코를 늘려주고 안뜨기로 1단을 떠줍니다.

22 검지의 7코만 겉뜨기로 떠줍니다.

23 7코만 메리야스뜨기로 18단을 떠줍니다.

24 19단에서 양쪽으로 코를 줄여주고 21단째에 코막음을 해줍니다.

25 실을 자르고 다시 왼쪽 바늘의 첫코에 실을 달아 중지만 떠줍니다.

26 반복하여 손가락을 다 만들어줍니다.

27 왼손 손바닥의 엄지를 만들어줍니다.

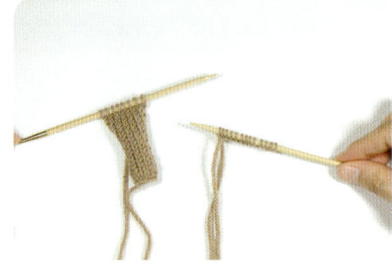
28 엄지에서 실을 자르고 반대쪽 바늘에 13코를 잡아줍니다.

29 엄지는 그대로 두고 13코만 메리야스뜨기를 해줍니다.

13코를 메리야스뜨기로 34단을 떠준 모습.

30 13코를 겉뜨기로 떠주고 바로 이어 8코를 떠줍니다.

31 손가락을 모두 떠줍니다(도안 참고). 연결을 위해 실은 여유 있게 남기고 잘라줍니다.

HOW TO MAKE

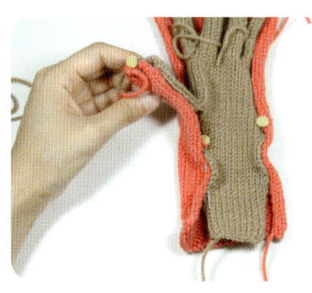

32 손바닥의 엄지를 올리고 손등과 안쪽 면끼리 맞대어줍니다.

33 손목부터 솔기를 연결해줍니다.

TIP
이때 솔기가 두껍지 않도록 반코에서 솔기를 연결해줍니다.

34 엄지의 벌어진 부분은 구멍이 크게 생기지 않도록 주의하여 연결해줍니다.

35 손가락 끝은 메리야스 잇기로 이어줍니다.

36 손등의 엄지 부분에도 구멍이 생기지 않도록 주의하여 연결해줍니다.

37 엄지의 솔기를 깔끔하게 연결하였습니다.

38 손가락마다 남은 실을 이용하여 반코에서 솔기를 연결해줍니다.

39 엄지가 시작되는 부분에 구멍이 생겼다면 자투리실로 구멍을 꿰매줍니다.

40 장갑을 뒤집어 실 정리를 해주고 하나 더 떠서 짝을 완성해줍니다.

62 PAGE

66 PAGE

65 PAGE

PART 03

머플러를 기대한 그에게 반전을!

무채색 향연의 겨울 패션에 포인트를 주는 비니, 모자

14
WAFFLE CONICAL BEANIE
와플 고깔 비니

멍석뜨기로 올록볼록한 무늬를 표현한 비니.
끝부분이 도토리처럼 뾰족해서 귀엽습니다.

15
MOSKVA EARED HAT
모스크바 귀달이 모자

모스크바 전통 겨울 모자에서 모티브를 얻은 독특한 디자인의 모자.
시린 겨울바람에도 끄떡없는 귀달이 모자입니다.

16
LONG TAILED VENT BEANIE
롱테일 뒤트임 비니
보닛 스타일로 귀엽게 연출한 비니.
귀엽게 실을 달고 땋아서 사랑스럽게 연출한 비니입니다.

17
SIMPLE LINED BEANIE
심플라인 비니
깔끔하고 심플한 2코 고무뜨기에 라인으로 포인트를 준 비니.
길이감이 있어 내추럴하게 착용하기 좋은 비니입니다.

14 와플 고깔 비니
BEANIE

사용 실 캐시론
실 색상 (남) 블루
　　　　　(여) 네온귤색
바늘 호수 대바늘 5.5mm
작품 58페이지
도안 138페이지

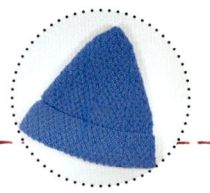

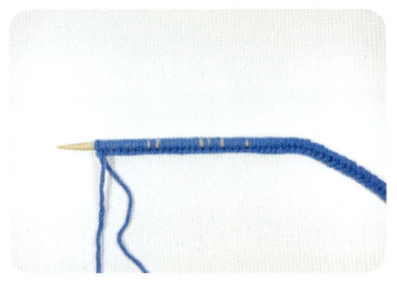

01 일반코로 92코 잡아줍니다.

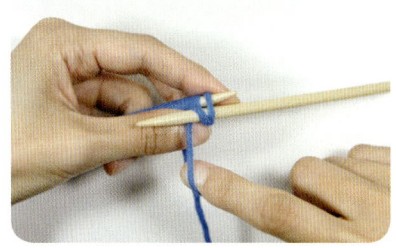

02 뒤로 돌려 안뜨기부터 시작하여 1코 고무뜨기 1단을 떠줍니다.

TIP 마지막 2코는 안뜨기로 끝이 납니다.

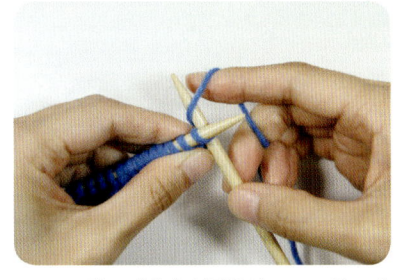

03 겉뜨기부터 시작하여 1코 고무뜨기 1단을 떠줍니다.

04 뒷면에서는 밑단의 무늬와 다른 무늬로 뜹니다.

05 왼쪽 바늘에 걸려 있는 첫코의 밑단이 안뜨기이므로 겉뜨기로 떠줍니다.

06 앞면에서는 밑단의 무늬와 반대의 방법으로 떠줍니다.

07 1코 2단 멍석뜨기를 34단 떠줍니다 (도안 참고).

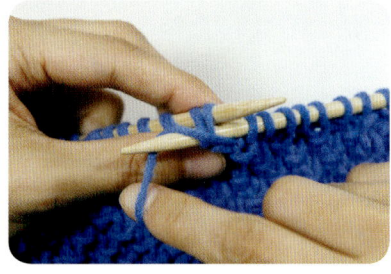

08 6등분으로 코를 줄여주어야 하는데 이때 처음은 안뜨기로 2코 모아 떠줍니다.

HOW TO MAKE

09 2번째 줄임은 겉뜨기로 2코 모아 떠 줍니다. 반복하여 줄여줍니다.

10 멍석뜨기 모양이 자연스럽도록 계속 코를 줄여줍니다.

11 남아 있는 8코는 돗바늘에 실을 끼워 오므려줍니다.

12 돗바늘로 옆 솔기를 연결해줍니다.

13 약 10cm가 남을 때까지 연결해주고 뒤로 뒤집어줍니다.

14 마지막 10cm의 솔기는 반대쪽으로 꿰매줍니다.

밑단을 접었을 때 솔기가 밖으로 나오지 않아야 합니다.

63

15
모스크바 귀달이 모자
HAT

사용 실 샐리
실 색상 (남) 연청회색
         (여) 베이지
바늘 호수 대바늘 6.0mm

작품 59페이지
도안 139페이지

01 6.0mm 바늘로 8코 잡아줍니다(귀 만들기).

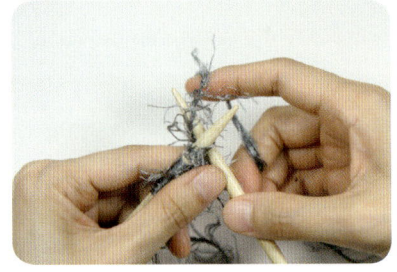
02 양쪽으로 코를 늘려가며 겉뜨기만 반복하여 가터뜨기로 떠줍니다.

03 양쪽으로 코를 늘려가며 떠줍니다.

04 총 16코로 늘려주고 약 20cm 길이까지 떠주고 실을 잘라줍니다.

05 모자챙을 만들기 위해 반대쪽 바늘에 22코 잡아줍니다.

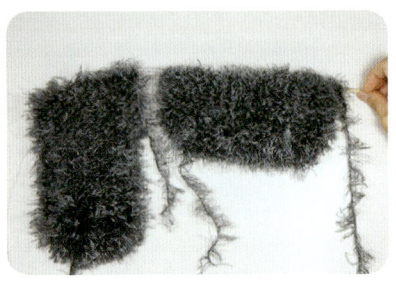
06 마찬가지로 양쪽으로 코를 늘려가며 약 10cm 길이까지 떠줍니다.

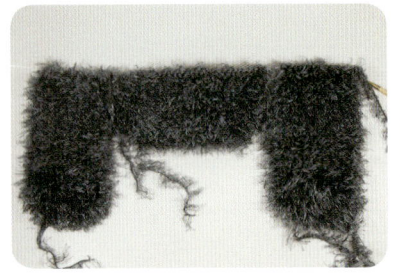
07 과정 1~4를 반복해 반대쪽 귀도 만들어줍니다.

08 오른쪽 바늘에 일반 코잡기로 18코 잡아줍니다.

09 왼쪽 바늘에 걸려 있는 두 번째 귀부터 이어 떠줍니다.

HOW TO MAKE

10 원형으로 겉뜨기만 반복하여 메리야스 무늬를 떠줍니다(총 80코).

11 약 15cm 길이까지 떠줍니다.

12 10등분하여 6코 겉뜨기 왼코 겹치기 1회를 반복해 코를 줄여줍니다.

13 코를 줄일 부분까지 떠줍니다.

TIP
실이 보이지 않기 때문에 코를 줄일 때마다 표시링을 걸어두고 그 부분에서 코를 줄여주면 편리합니다.

14 총 10코가 남을 때까지 줄여줍니다.

15 남아 있는 10코는 돗바늘을 이용하여 오므려줍니다.

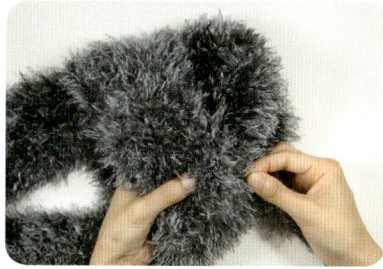
16 모자챙은 돗바늘을 이용하여 위로 접어 모자에 붙여줍니다.

17 샤무드 끈과 단추를 위치에 맞게 달아줍니다.

16
롱테일 뒤트임 비니
BEANIE

사용 실 클래식뮤직
실 색상 (남) 믹스 오렌지
　　　　　 (여) 멜란 올리브A
바늘 호수 대바늘 7.0mm
작품 60페이지
도안 140페이지

01 일반코로 62코 잡아줍니다.

02 뒤로 돌려 안뜨기부터 시작하여 2코 고무뜨기를 해줍니다.

03 고무뜨기로 8단을 떠줍니다.

04 겉뜨기부터 시작하여 메리야스뜨기를 떠줍니다.

05 메리야스뜨기를 24단까지 떠줍니다.

06 10등분하여 코줄임을 해줍니다.

TIP 코줄임을 끝까지 해주면 12코가 남습니다.

07 여유 있게 실을 남겨 자른 후 돗바늘로 남은 코들을 오므려줍니다.

08 옆 솔기를 연결해줍니다.

HOW TO MAKE

09 솔기 부분을 약 10cm 정도 남겨놓습니다.

10 뒤로 돌려 솔기가 벌어지지 않도록 실 정리를 해줍니다.

11 모자 모서리에 끈(1m 길이로 3줄)을 반 접어 코바늘 등으로 잡아 빼줍니다.

12 고리 안으로 실 가닥을 모두 통과시킵니다.

13 2가닥씩 잡고 머리 땋듯 끈을 땋아줍니다.

14 원하는 길이만큼 땋아주고 실을 잘라줍니다.

15 약 40cm 길이로 실을 잘라 반으로 접어 한 가닥은 아래로 놓고 다른 한 가닥으로 감아줍니다.

16 모양을 잡아가며 약 2cm 정도 촘촘하게 감아줍니다.

17 다시 반대쪽으로 한 번 더 감아줍니다.

18 끝까지 감아준 후 실을 돗바늘에 끼워 안으로 넣어줍니다.

19 힘을 줘서 돗바늘을 통과시킵니다.

20 남은 실을 정리해줍니다.

67

17 심플라인 비니
BEANIE

사용 실 지니울
실 색상 (남) 연그레이, 하늘색
(여) 연그레이, 에메랄드그린
바늘 호수 대바늘 4.5mm

작품 61페이지
도안 141페이지

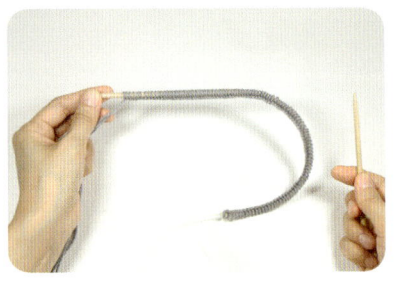
01 연그레이색 실로 일반코 110코를 잡아줍니다.

02 뒤로 돌려 안뜨기부터 시작하여 2코 고무뜨기를 6단 떠줍니다.

2코 고무뜨기 6단이 된 모습.

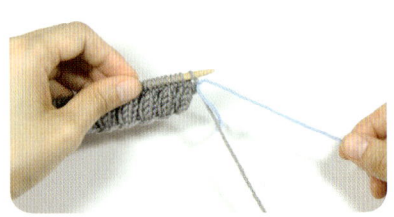
03 에메랄드그린색 실을 묶어줍니다.

04 2코 고무뜨기 2단을 떠줍니다.

05 다시 연그레이색 실을 앞으로 놓고 떠줍니다.

06 배색을 하면서 68단까지 떠줍니다.

07 겉뜨기 1코를 해주고 오른코 겹치기를 하여 1코 줄여줍니다.

08 다음은 왼코 겹치기를 하여 1코 줄여줍니다.

HOW TO MAKE

09 반복하여 코를 줄여주고 마지막 코는 겉뜨기로 떠줍니다.

10 메리야스뜨기로 3단을 떠줍니다.

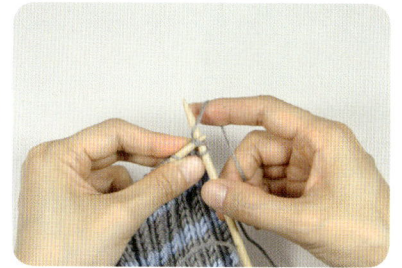
11 겉뜨기 1코를 뜨고 왼코 겹치기를 해줍니다.

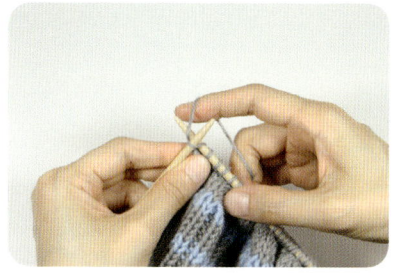
12 끝까지 왼코 겹치기를 하고 마지막 코는 겉뜨기를 해줍니다.

13 안뜨기 1단을 해주어 편물을 완성해줍니다.

14 실을 여유 있게 남기고 잘라줍니다.

15 돗바늘에 실을 끼워 실이 끝난 반대 방향에서부터 코를 옮겨줍니다.

16 1회 통과시켜주고 1회 더 통과시켜줍니다.

17 실을 잡아당겨 구멍이 생기지 않도록 당겨줍니다.

18 이어서 옆 솔기를 연결해줍니다.

19 끝까지 연결해주고 남은 실은 뒤쪽의 솔기 부분으로 숨겨줍니다.

69

76 PAGE

80 PAGE

83 PAGE

가을부터 준비하는 커플 아이템의 끝판왕!

정성 200%를 쏟아 부어 완성하는 스웨터, 카디건, 베스트

18
MELLOW TWISTED KNIT
멜로우 꽈배기 니트

세월이 지나도 오래도록 사랑받는 꽈배기무늬 니트.
옷 전체를 채우듯 연출한 꽈배기 패턴으로 따뜻함을 더하세요.

19
ANDANTE SWEATER
안단테 스웨터

굵은 줄무늬 배색 스웨터.
포근한 촉감과 컬러로 연출한 안단테 스웨터입니다.

20
RAGLAN LONG CARDIGAN
레글런 롱 카디건

어깨에서 목까지 내려온 사선라인이 돋보이는 롱 카디건.
무릎 위로 길게 내려와 보온성까지 확실한
세련된 카디건입니다.

21
LATTE MESHED VEST
라떼 메쉬 베스트

구멍무늬를 넣어 부드러움을 강조한 라떼 메쉬 베스트.
브이넥으로 이지적인 느낌이 돋보입니다.

22
AGYLE VEST
아가일 베스트

누구에게나 사랑받는 클래식한 아가일 패턴의 베스트.
컬러 배색으로 깔끔한 포인트를 더하였습니다.

18 멜로우 꽈배기 니트
SWEATER

사용 실 로덴
실 색상 (남) 아이보리
　　　　　(여) 퍼플
바늘 호수 대바늘 6.5mm

작품 72페이지
도안 142페이지

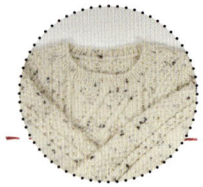

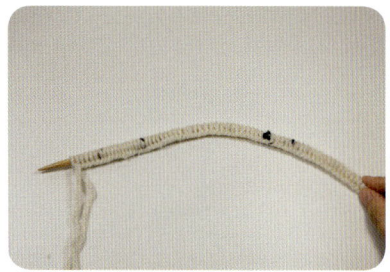

01 앞판부터 시작합니다. 일반코로 70코 잡아줍니다.

02 안뜨기부터 시작하여 1코 고무뜨기를 13단 떠줍니다.

03 다시 뒤로 돌려 안뜨기부터 시작합니다.

04 70코를 5등분하여 14코를 늘려주면 84코가 됩니다.

05 앞으로 돌려 겉뜨기 6코를 떠줍니다.

06 안뜨기로 2코 떠줍니다.

07 도안대로 무늬를 넣어가며 61단을 떠줍니다.

무늬를 넣어 61단을 떠준 상태.

08 진동줄임을 위해 3코 코막음을 합니다.

HOW TO MAKE

09 왼쪽의 진동둘레는 뒤로 돌려 63단째에 줄여줍니다.

10 진동둘레 줄임부터 총 30단까지 떠줍니다.

11 앞목줄임을 위해 오른쪽 22코만 떠줍니다.

12 뒤로 돌려 3코 줄여주면서 왼쪽 목둘레 줄임을 해줍니다.

왼쪽 목둘레 코줄임을 마친 상태.

13 어깨에 경사를 주기 위해 되돌아뜨기를 해줍니다.

어깨처짐을 마친 상태.

14 남은 13코는 안전핀에 옮겨 쉼코로 남겨두고 여유 있게 실을 잘라둡니다.

15 앞목 둘레 밑부분에 실을 달아 20코 코막음을 하고 오른쪽 목둘레와 어깨를 만들어줍니다.

16 뒤판도 코를 잡아 고무뜨기를 해주고 메리야스뜨기로 61단을 떠줍니다.

17 목둘레와 어깨처짐을 위해 15코만 떠줍니다.

18 뒤로 돌려 안뜨기로 떠줍니다.

19 4코 남기고 되돌아뜨기를 해줍니다.

20 앞으로 돌려 겉뜨기를 해줍니다.

21 마지막 코에서 1코 줄임을 해줍니다.

22 반복하여 되돌아뜨기와 목둘레 코줄임을 해줍니다.

23 남아 있는 코를 안전핀에 옮겨 쉼코로 두고 실을 잘라줍니다.

24 뒷목둘레에 다시 실을 달아 20코 코막음을 해주고 왼쪽 어깨를 떠줍니다.

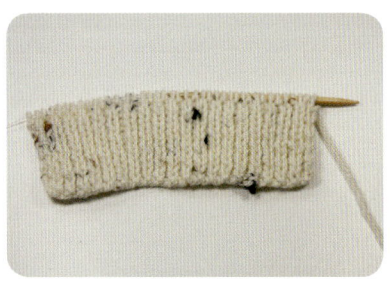
25 소매 부분은 40코 잡아, 1코 고무뜨기를 13단 떠줍니다.

26 뒤로 돌려 안뜨기로 떠주면서 코늘림을 해줍니다.

27 가운데 무늬를 넣어주고 양쪽으로는 코를 늘려가며 67단 떠줍니다.

28 소매산 코줄임을 위해 3코 코줄임을 해줍니다.

29 왼쪽의 코줄임은 뒤로 돌려 다음 단에서 코막음을 해줍니다.

30 소매산 코줄임을 하고 남아 있는 코는 코막음을 해줍니다. 같은 방법으로 한 장 더 만들어줍니다.

HOW TO MAKE

31 앞판과 뒤판을 겉끼리 마주대고 어깨의 코를 연결합니다.

32 코바늘로 빼뜨기를 하여 양쪽 다 연결해줍니다.

33 옆 솔기는 안끼리 마주대고 겉을 보면서 돗바늘로 연결해줍니다.

34 소매도 반으로 접어 돗바늘로 연결해줍니다.

35 소매를 진동 부분에 시침핀으로 고정시켜줍니다.

36 밑부분부터 시작하여 돗바늘로 소매를 달아줍니다.

37 마지막으로 목둘레 단을 떠줍니다.

38 왼쪽에 실을 달아 코를 주워줍니다.

39 목둘레에서 92코 주워줍니다.

40 1코 고무뜨기를 6단 떠줍니다.

41 돗바늘로 코막음을 하고 실 정리를 해줍니다.

19 안단테 스웨터
SWEATER

사용 실 스마트
실 색상 (남) 백아이보리, 진회색, 블루
        (여) 멜란 그레이, 와인, 머스타드, 진회색
바늘 호수 대바늘 5.0mm, 5.5mm
작품 73페이지
도안 145페이지

01 뒤판부터 뜹니다. 진회색 실을 5.0mm 바늘에 일반코로 97코 잡아줍니다.

02 뒤로 돌려 안뜨기부터 시작하여 1코 고무뜨기를 16단 떠줍니다.

03 5.5mm 바늘로 바꾸어 겉뜨기 1단과 1코 고무뜨기 1단을 반복하여 무늬를 만들어줍니다.

04 무늬뜨기 18단을 해주고 실을 자른 후 머스타드색 실로 바꾸어 묶어줍니다.

05 머스타드색 실로 무늬뜨기를 해줍니다.

단수에 맞게 실을 바꾸어 배색해 떠 준 모습.

06 오른쪽의 진동줄임 4코 코막음은 겉 면에서 줄여줍니다.

07 왼쪽의 진동줄임 4코는 뒤로 돌려 뒷 면을 뜰 때 줄여줍니다.

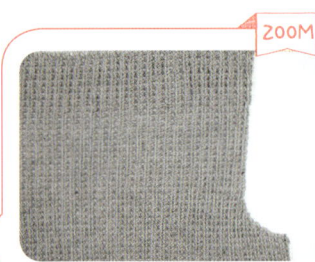

진동줄임을 마친 상태.

HOW TO MAKE

08 오른쪽 어깨 25코까지 떠줍니다.

09 뒤로 돌려 3코 코막음을 하면서 끝까지 떠줍니다.

10 뒷목줄임과 어깨처짐을 동시에 만들어줍니다.

11 남아 있는 20코는 안전핀에 옮겨놓고 여유를 두고 실을 잘라줍니다.

12 뒷목줄임이 시작되는 위치에 코막음을 하고 왼쪽 어깨를 떠줍니다.

13 앞판도 완성하여 안전핀으로 마무리 해줍니다.

14 앞판 뒤판을 마주대고 코바늘로 빼뜨기를 하여 어깨를 연결해줍니다.

앞판과 뒤판을 연결한 모습.

15 겉면을 보면서 양옆 솔기를 돗바늘로 연결해줍니다.

16 다음은 소매입니다. 5.0mm 바늘로 44코 잡아 12단 고무뜨기를 합니다.

17 13단째에서 5.5mm 바늘로 바꿔 겉뜨기를 뜨면서 2코를 늘려줍니다.

18 양쪽에서 코를 늘려주며 배색하여 소매를 떠줍니다.

19 소매산의 줄임은 오른쪽은 겉면에서, 왼쪽은 뒷면에서 줄여줍니다.

소매산의 코줄임이 완성된 모습.

20 소매도 반으로 접어 솔기를 돗바늘로 연결해줍니다.

21 몸판의 진동과 소매산을 연결해주기 위해 시침핀으로 고정해줍니다.

22 돗바늘을 이용하여 연결해줍니다.

23 양쪽 모두 연결해줍니다.

24 다음은 목둘레를 뜰 차례입니다. 5.0mm 바늘로 목둘레에서 106코 주워줍니다.

25 원형으로 1코 고무뜨기를 5단 떠줍니다.

26 돗바늘로 코막음을 하고 실을 정리합니다.

20 레글런 롱 카디건
CARDIGAN

사용 실 크레페
실 색상 (남) 믹스 청회색
　　　　　(여) 믹스 핑크
바늘 호수 대바늘 4.5mm, 5.0mm, 5.5mm
작품 73페이지
도안 147페이지

01 뒤판부터 뜹니다. 5.0mm 바늘로 끌어올려 코잡기로 92코 잡아줍니다.

02 1코 고무뜨기를 32단 떠줍니다.

03 5.5mm 바늘로 바꾸어 겉뜨기를 뜨면서 8군데에 코를 늘려줍니다(총 100코).

04 126단 메리야스뜨기로 떠줍니다.

05 진동둘레는 오른쪽에서 8코 코막음을 하고 끝까지 겉뜨기로 떠줍니다.

06 왼쪽은 뒤로 돌려 안뜨기로 8코 코막음을 하고 끝까지 안뜨기로 떠줍니다.

07 겉뜨기 1코를 해주고 다음 코는 겉뜨기 방향으로 바늘을 넣어 넘겨줍니다.

08 그다음 코도 뜨지 않고 겉뜨기 방향으로 넘겨줍니다.

09 2코를 밑에서 위쪽 방향으로 걸어 왼쪽 바늘로 옮겨줍니다.

가운데 코가 맨 아래, 왼쪽 코가 맨 위로 올라오면서 2코가 줄어듭니다.

10 그다음 3코를 한번에 겉뜨기로 떠줍니다.

11 왼쪽의 2코 줄임은 4코가 남을 때 시작합니다.

12 첫코는 겉뜨기 방향으로 그대로 넘겨줍니다.

13 다음 2코는 한번에 겉뜨기로 떠줍니다.

14 그다음은 그냥 넘겨준 첫코를 바늘에 끼워 덮어 씌워 넘겨줍니다.

15 남은 1코는 겉뜨기로 떠줍니다.

16 같은 방법으로 뒤판을 완성해주고 남은 코는 코막음을 해줍니다.

17 앞판 오른쪽을 뜹니다. 5.0mm 바늘로 끌어올려 코잡기로 46코 잡아 1코 고무뜨기 32단을 떠줍니다.

18 5.5mm 바늘로 바꾸어 4군데에 코를 늘려줍니다(총 50코).

19 68단까지 메리야스뜨기로 떠줍니다.

20 다른 실을 이용하여 26코 잡아 46단 메리야스 무늬로 주머니를 만들어줍니다.

HOW TO MAKE

21 주머니를 뒤쪽에 두고 앞판을 12코 떠줍니다.

22 13코째는 주머니의 첫코와 겹쳐 떠줍니다.

23 이어서 주머니의 코를 떠줍니다.

24 앞판의 코를 13코만 남겨두고 안전핀에 옮겨둡니다.

25 주머니의 끝코와 앞판의 남은 첫코도 함께 겹쳐 떠줍니다.

26 다시 50코가 되었습니다. 이어서 메리야스뜨기로 계속 떠줍니다.

27 앞단 목둘레 줄임은 1코 겉뜨기를 하고 왼코 겹치기로 떠줍니다.

28 목둘레를 계속 줄여줍니다.

29 왼쪽의 진동둘레는 뒷면에서 안뜨기를 뜨면서 8코 코막음을 해줍니다.

30 목둘레와 진동둘레 코줄임을 하여 앞판 오른쪽을 완성하고, 남은 코는 코막음을 해줍니다.

31 주머니의 코를 5.0mm 바늘에 옮겨줍니다.

32 주머니의 첫코에서 코를 늘려주면서 고무뜨기를 떠줍니다.

33 마지막 코도 1코 늘려줍니다.

34 12단 뜨고 돗바늘로 코막음을 해줍니다.

35 양쪽 솔기를 돗바늘로 연결해줍니다.

36 뒷면에서도 주머니의 테두리를 돗바늘로 꿰매줍니다.

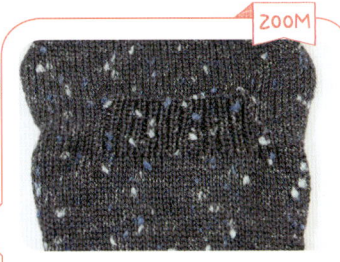
ZOOM
앞판과 주머니가 완성된 모습.

37 대칭이 되게 앞판의 왼쪽도 만들어줍니다.

38 같은 방법으로 고무단을 만들고 양쪽으로 코를 늘려가며 소매를 만들어줍니다.

39 소매산의 코줄임에서 오른쪽은 겉면에서, 왼쪽은 뒷면에서 8코 코막음을 해줍니다.

40 소매산의 양쪽 코줄임도 뒤판의 코줄임과 동일한 방법으로 떠줍니다.

41 소매도 대칭으로 한 장 더 만들어줍니다.

42 앞판과 뒤판의 옆 솔기를 돗바늘로 연결해줍니다.

ZOOM
앞판의 양옆 솔기가 연결된 모습.

HOW TO MAKE

43 소매도 반 접어 솔기를 연결해줍니다.

44 몸판의 진동둘레와 소매의 소매산을 붙여 연결해줍니다.

ZOOM
레글런 라인이 완성된 모습.

45 앞판에서 코를 주워줍니다.

46 4.5mm 바늘을 사용하여 거의 매단 주워줍니다.

47 뒤로 돌려 안뜨기로 시작하여 2코 고무뜨기를 떠줍니다.

48 5번째 단에서 단춧구멍 위치에서 3코 코막음을 하여 단춧구멍을 만들어줍니다.

49 6번째 단에서는 코막음을 한 위치에서 감아코로 3코 만들어줍니다.

50 계속해서 고무단을 더 떠주고 돗바늘로 코막음을 해줍니다.

ZOOM
단춧구멍이 만들어진 모습.

51 알맞은 곳에 단추를 달아주고 실 정리를 해줍니다.

87

21 라떼 메쉬 베스트 — VEST

사용 실 세븐이지
실 색상 (남) 회색
　　　　　(여) 흰색
바늘 호수 대바늘 5.0mm, 6.0mm
작품 74페이지
도안 149페이지

01 뒤판부터 뜹니다. 6.0mm 바늘을 사용하여 78코 잡아줍니다.

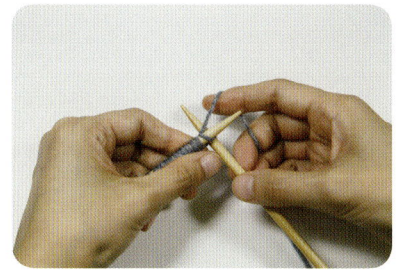
02 1코 고무뜨기를 14단 떠줍니다.

1코 고무뜨기 14단을 뜬 상태.

03 바늘비우기와 코겹치기로 무늬를 만들어줍니다.

04 88단까지 무늬뜨기를 뜨고 오른쪽 진동줄임을 해줍니다.

05 왼쪽 진동줄임은 뒤로 돌려 뒷면에서 줄여줍니다.

진동줄임을 마친 모습.

06 오른쪽 어깨를 뜨기 위해 14코만 떠줍니다.

07 뒤로 돌려 2코 코막음을 하면서 떠줍니다.

HOW TO MAKE

08 어깨를 다 떠주고 남아 있는 코는 안 전핀에 끼워 둡니다.

09 뒷목 코막음이 시작되는 곳에 실을 달아 코막음을 하고 왼쪽 어깨도 떠줍니다.

10 앞판도 마찬가지로 뜨다가 양쪽 어깨를 따로 떠줍니다.

11 앞판과 뒤판의 겉끼리 마주대고 어깨코를 코바늘로 연결해줍니다.

양쪽 어깨를 연결해준 모습.

12 겉면을 보면서 양옆 솔기를 돗바늘로 연결해줍니다.

양옆 솔기를 연결해준 모습.

13 목둘레에서 코를 주워줍니다.

14 이때 목둘레 가운데 중심에서 1코를 더 만들어줍니다.

15 가운데 중심 3코 모아뜨기를 하면서 1코 고무단을 떠줍니다.

16 돗바늘로 코막음을 해주고 실 정리를 해줍니다.

17 양옆 진동둘레에서 코를 주워 고무단을 떠주고 실 정리를 해줍니다.

22 아가일 베스트
VEST

사용 실 매너
실 색상 (남) 진그레이, 베이지, 네이비
(여) 진그레이, 베이지, 레드
바늘 호수 대바늘 6.0mm, 5.0mm
작품 75페이지
도안 152페이지

01 앞판 왼쪽부터 뜹니다. 6.0mm 바늘에 진그레이색 실로 일반코 34코를 잡아줍니다.

02 뒤로 돌려 안뜨기 3코부터 시작하여 2코 고무뜨기를 떠줍니다.

03 고무단 10단을 떠줍니다.

04 11단째 1코 늘려주면서 겉뜨기로 떠줍니다.

05 진그레이색 실로 5코를 뜬 후 네이비색 실을 묶어줍니다.

06 네이비색 실로 1코를 떠줍니다.

07 다음 코는 다시 진그레이색 실로 떠줍니다.

08 진그레이색 실로 9코를 뜨는 중간에 4~5코째 중간에 네이비색 실을 1번 걸쳐 꼬아줍니다.

09 나머지 진그레이색 실로 떠야 할 코를 떠줍니다.

HOW TO MAKE

10 다시 네이비색 실로 1코를 떠줍니다.

TIP 길게 이어져야 할 네이비색 실을 중간에 잡아줍니다.

11 배색을 하고 56단까지 떠줍니다.

12 오른쪽의 진동줄임을 해줍니다.

13 65단째는 왼쪽에서 목줄임을 해줍니다.

14 3코가 남았을 때 2코를 모아 떠주고 나머지 1코를 떠줍니다.

ZOOM 진동과 목줄임을 해준 모습.

15 7코만 떠주고 뒤로 돌려 되돌아뜨기를 합니다.

16 남아 있는 코는 안전핀에 옮겨 쉼코로 둡니다.

17 반대쪽도 대칭으로 만들어줍니다.

18 뒤판도 도안을 참고하여 떠줍니다.

19 앞판과 뒤판을 겉끼리 마주대고 코바늘로 빼뜨기를 하면서 어깨를 연결해 줍니다.

양쪽 모두 연결해준 모습.

20 앞판과 뒤판의 옆 솔기도 돗바늘로 연결해줍니다.

옆 솔기가 연결된 모습.

21 5.0mm 바늘로 진동둘레의 거의 모든 단과 코에서 코를 주워줍니다.

22 약 92코를 주워줍니다.

23 2코 고무뜨기를 1단 떠줍니다.

24 네이비색 실로 바꾸어 묶어줍니다.

25 네이비색 실로 1단을 떠줍니다.

26 베이지색 실로 1단을 뜨고 다시 진그레이색 실로 2단을 더 떠줍니다.

27 돗바늘로 코막음을 해줍니다.

진동둘레 고무단 완성.

28 앞단에서 코를 주워줍니다.

HOW TO MAKE

29 5.0mm 바늘로 거의 모든 단에 코를 주우면 약 254코가 됩니다.

30 배색을 하면서 뜨다가 네이비색 실로 뜰 때 단춧구멍을 만들어줍니다.

31 2코 고무뜨기 중 안뜨기를 할 때 바늘비우기를 해줍니다.

32 다음의 2코는 안뜨기로 한번에 모아 떠줍니다.

33 다음 단은 베이지색 실로 바꾸어 떠줍니다.

34 진그레이색 실로 2단을 더 떠줍니다.

35 돗바늘로 코막음을 해줍니다.

앞단 완성.

36 단춧구멍에 맞게 단추를 달아주고 실 정리를 해줍니다.

PART 05

기뻐하는 그의 모습을 상상하며, 차근차근 따라 해 보자!

손뜨개 기초와 도안

코잡기
일반 코잡기

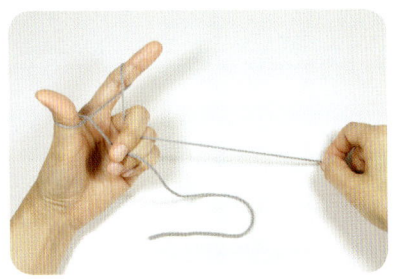
01 원하는 편물 길이의 약 3배를 남겨두고 실을 잡아줍니다.

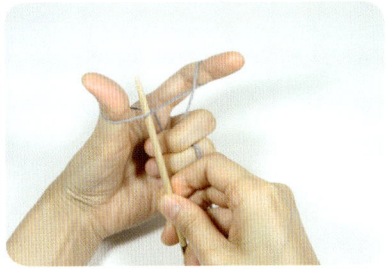
02 엄지에 걸린 실에 바늘을 밑에서 위로 넣어줍니다.

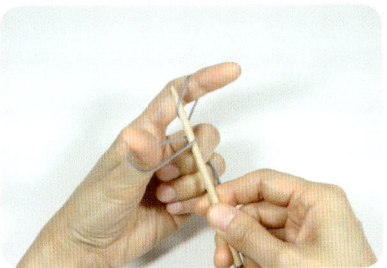
03 검지에 걸린 실의 위에서 아래 방향으로 바늘을 넣어줍니다.

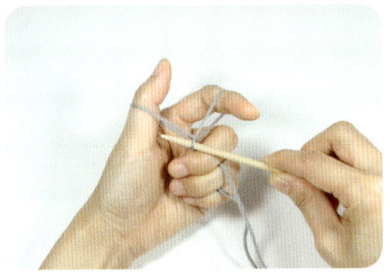
04 검지에서 건 실을 엄지에 걸린 고리 사이로 통과시킵니다.

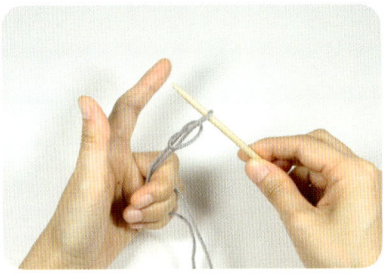
05 엄지와 검지에 걸린 실을 빼줍니다.

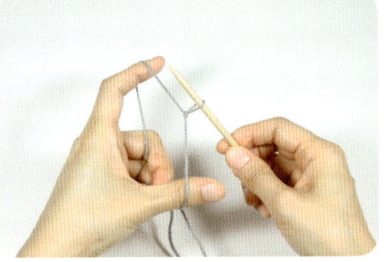
06 짧은 실을 엄지에 걸고 잡아당겨줍니다.

07 1코가 만들어졌습니다.

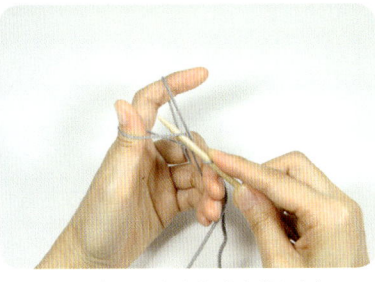
08 과정 2~4번까지 반복해줍니다.

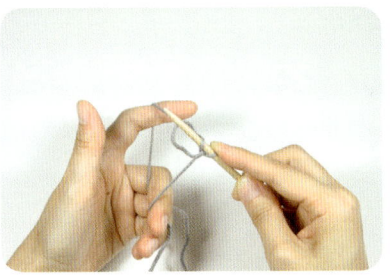
09 2번째 코부터는 엄지손가락만 빼줍니다.

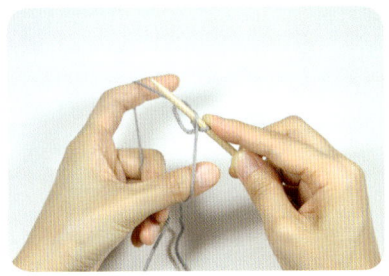
10 엄지로 실을 걸어 잡아당겨줍니다.

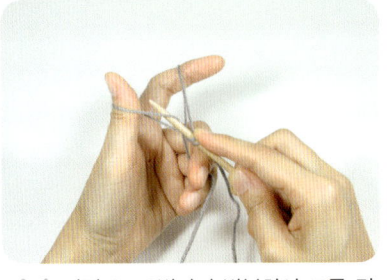
11 과정 8~10번까지 반복하여 코를 만들어줍니다.

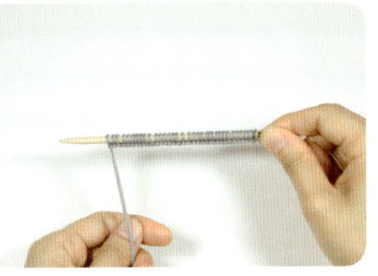
12 원하는 수만큼 코를 잡아줍니다.
※코 계산 : (필요한 콧수÷2)+1

BASIC KNITTING

코잡기

끌어올려 코잡기(1코 고무뜨기 코잡기)

01 코를 계산하여 별실을 이용해 일반코를 잡아줍니다.

02 본실로 안뜨기 1단을 떠줍니다.

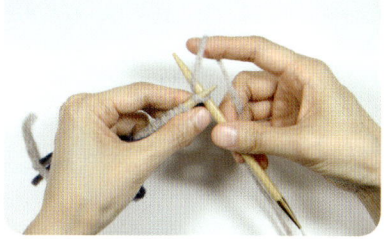

03 뒤로 돌려 겉뜨기로 1단을 떠줍니다.

04 다시 뒤로 돌려 안뜨기로 1단을 떠줍니다.

05 3단을 떴습니다.

06 첫코는 겉뜨기를 해줍니다.

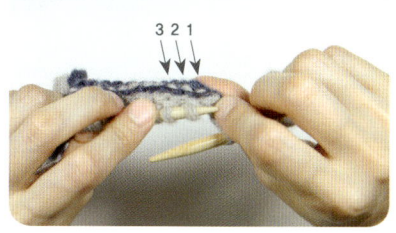

07 다음 코는 편물의 뒤쪽에서 주워줍니다.

08 왼쪽 바늘로 코를 주워줍니다.

09 실을 앞으로 놓고 뒤에서 주운 코를 안뜨기로 떠줍니다.

10 실을 뒤로 넘기고 다음 코를 겉뜨기 하고 과정 7~10번까지 반복합니다.

11 마지막 안뜨기를 하기 위해 코를 주워줍니다.

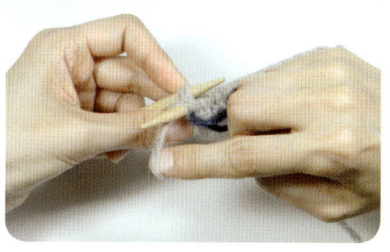

12 마지막 코는 왼쪽 바늘에 걸려 있는 코와 함께 안뜨기로 떠줍니다.

97

13 밑에 있는 별실을 가위로 살짝 잘라 줍니다.

14 별실을 풀어냅니다.

15 1코 고무뜨기 코잡기가 완성되었습니다.

코잡기
풀어버리는 코 만들기

01 별실을 사용하여 사슬뜨기를 원하는 콧수만큼 잡아줍니다.

02 대바늘로 바꾸어 사슬코의 콧등에 바늘을 넣어줍니다.

03 본실로 감아줍니다.

04 감은 실을 콧등 사이로 빼주면 1코가 만들어집니다.

05 반복하여 콧등에서 코를 주워줍니다.

06 원하는 콧수만큼 코를 주워줍니다.

07 편물을 어느 정도 뜬 후에 별실을 풀어줍니다.

08 또 하나의 다른 바늘을 사용하여 풀린 코에 넣어줍니다.

09 별실에 걸려 있는 끝코까지 남기지 않고 모두 잡아줍니다.

BASIC KNITTING

10 별실을 풀어 코를 잡아주었습니다.

코잡기
원형뜨기

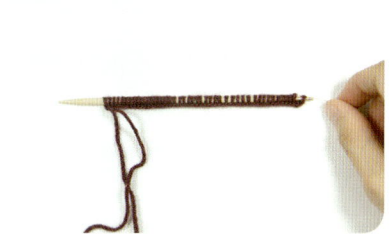

01 줄바늘을 사용하여 일반코를 잡아줍니다.

02 코를 반으로 나누어 줍니다.

03 나누어준 코를 양쪽 바늘로 밀어 옮겨줍니다.

04 두 개의 바늘 중 위쪽에 있는 바늘을 여유를 두고 잡아당깁니다.

05 위에 있는 실을 끌고와 아랫 바늘에 걸려 있는 첫코를 떠줍니다.

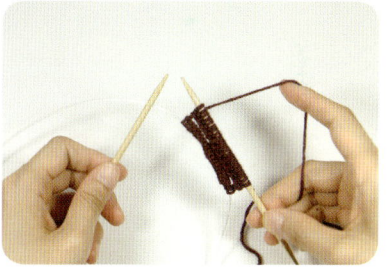

06 아랫 바늘에 있는 코를 다 떠주었습니다.

07 뒤로 돌려 아랫 바늘은 뒤로 밀어주고 위엣 바늘은 다시 잡아당겨줍니다.

08 과정 5~7번을 반복하여 계속 떠줍니다.

09 원통형 편물이 떠졌습니다.

99

코줍기
단에서 코줍기

01 편물의 옆선에서 코를 줍는 방법. 편물과 실을 준비합니다.

02 편물의 첫코와 두 번째 코 사이의 라인에서 코를 주워줍니다.

03 사이 라인의 맨 아래에 바늘을 넣어 실을 걸어줍니다.

04 걸어준 실을 빼내면 1코가 주워집니다.

05 다음 단에 바늘을 넣어줍니다.

06 겉뜨기 하듯이 실을 걸어줍니다.

07 걸어준 실을 빼냅니다.

08 반복하여 코를 주워주는데 3단마다 1코씩 건너띄고 주워줍니다.

09 단에서 코를 주워 떠보았습니다.

BASIC KNITTING

코줍기
코에서 코줍기

01 마지막 단의 코든 코에서 코를 줍는 방법.

02 첫코에 바늘을 넣어 실을 걸어줍니다.

03 걸어준 실을 빼냅니다.

04 바로 다음 코에 바늘을 넣어 겉뜨기 하듯이 실을 걸어줍니다.

05 걸어준 실을 빼냅니다.

06 모든 코에 실을 걸어 코를 주워줍니다.

07 자연스럽게 연결된 모습입니다.

08 뒤쪽은 솔기가 생깁니다.

기본 기호뜨기
겉뜨기

01 왼쪽 바늘의 코에 오른쪽 바늘을 앞에서 뒤쪽 방향으로 넣어줍니다.

02 오른쪽 바늘에 실을 한 번 감아줍니다.

03 감은 실을 앞쪽으로 빼줍니다.

04 왼쪽 바늘에 걸려 있는 코를 빼줍니다.

05 반복해서 떠줍니다.

기본 기호뜨기
안뜨기

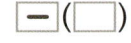

01 왼쪽 바늘의 코에 오른쪽 바늘을 뒤에서 앞쪽 방향으로 넣습니다.

02 오른쪽 바늘에 실을 한 번 감아줍니다.

03 감은 실을 뒤로 빼줍니다.

BASIC KNITTING

04 왼쪽 바늘에 걸려 있는 코는 그대로 빼줍니다.

05 반복해서 떠줍니다.

기본 기호뜨기
바늘비우기

01 오른쪽 바늘에 실을 한 번 감아줍니다.

02 다음 코가 겉뜨기일 때는 바늘을 넣어 겉뜨기를 해줍니다.

03 다음 코가 안뜨기일 때는 실을 한 번 감고 앞으로 놓습니다.

04 그다음 안뜨기로 떠줍니다.

05 바늘비우기를 하고 바로 다음 단입니다.

06 1코가 늘어나며 구멍이 만들어졌습니다.

103

기본 기호뜨기
꼬아뜨기(돌려뜨기)

01 왼쪽 바늘의 코에서 뒤쪽에 걸어줍니다.

02 그대로 겉뜨기로 떠줍니다.

03 코가 한 번 꼬였습니다.

04 안뜨기로 꼬아뜨기도 마찬가지로 뒤쪽실에 걸어 떠주면 됩니다.

기본 기호뜨기
걸러뜨기(겉뜨기)

01 겉뜨기 방향으로 바늘을 넣습니다.

02 뜨지 않고 그대로 빼줍니다.

기본 기호뜨기
걸러뜨기(안뜨기)

01 안뜨기 방향으로 바늘을 넣습니다.

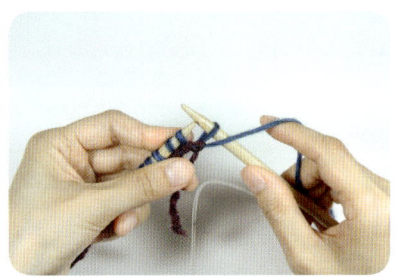
02 뜨지 않고 그대로 빼줍니다.

기본 기호뜨기
오른쪽 위 2코 교차뜨기

01 2코를 꽈배기바늘로 옮겨줍니다.

02 옮겨준 2코를 앞에 둡니다.

03 왼쪽 바늘에 있는 코를 순서대로 2코 떠줍니다.

04 앞에 둔 꽈배기바늘에 있는 2코를 순서대로 떠줍니다.

05 오른쪽 위 2코 교차뜨기가 완성되었습니다.

06 교차뜨기를 4단에 한 번씩 넣어 무늬를 만들었습니다.

기본 기호뜨기
왼쪽 위 2코 교차뜨기

01 2코를 꽈배기바늘로 옮겨줍니다.

02 옮겨준 2코를 뒤로 넘겨줍니다.

03 왼쪽 바늘에 있는 코를 순서대로 2코 떠줍니다.

04 꽈배기바늘을 끌어와 꽈배기바늘에 있는 2코를 순서대로 떠줍니다.

05 왼쪽 위 2코 교차뜨기가 완성되었습니다.

06 교차뜨기를 4단에 한 번씩 넣어 무늬를 만들었습니다.

코늘리기
오른코 늘리기

01 마지막 코에서 오른코 늘리기를 해봅니다.

02 왼쪽 바늘의 마지막 코 바로 밑의 코에 오른쪽 바늘을 넣어줍니다.

03 코를 위로 올려 왼쪽 바늘로 옮겨주고 겉뜨기로 떠줍니다.

BASIC KNITTING

04 마지막 남은 1코도 떠줍니다.

05 코의 오른쪽에서 코를 늘려 1코가 늘어났습니다.

코늘리기
왼코 늘리기

01 첫코에서 왼코 늘리기를 해봅니다.

02 첫 번째 코를 겉뜨기해주었습니다.

03 오른쪽 바늘의 2번째 아랫단에 있는 코에 바늘을 넣어줍니다.

04 그대로 겉뜨기로 떠줍니다.

05 코의 왼쪽에서 코를 늘려 1코가 늘어났습니다.

코줄이기
오른코 겹치기

01 오른코 겹치기로 코를 줄일 부분까지 떠줍니다.

02 다음 코에 겉뜨기 방향으로 바늘을 넣어줍니다.

03 그대로 코를 옮겨줍니다.

04 다음 코를 떠줍니다.

05 그대로 넘겨준 코에 바늘을 넣어줍니다.

06 코를 끌어와 왼코를 덮어 씌워줍니다.

07 1코가 줄었습니다.

08 몇 단을 더 뜨고 보면 오른코가 위로 겹쳐져 있습니다.

BASIC KNITTING

코줄이기
오른코 겹치기(안뜨기)

01 코를 줄일 부분에서 겉뜨기 방향으로 바늘을 넣어 그대로 옮겨줍니다.

02 다음 코도 마찬가지로 겉뜨기 방향으로 바늘을 넣어 그대로 옮겨줍니다.

03 그대로 옮겨준 2코에 왼쪽 바늘을 앞쪽으로 넣어줍니다.

04 왼쪽 바늘로 그대로 옮겨주면 코의 방향이 바뀝니다.

05 옮겨준 2코에 뒤에서 앞으로 바늘을 넣습니다.

06 그대로 안뜨기로 한번에 떠줍니다.

07 1코가 줄었습니다.

08 앞으로 돌려 보면 오른쪽 코가 위로 겹쳐져 있습니다.

코줄이기
왼코 겹치기

01 왼코 겹치기로 코를 줄일 부분까지 떠줍니다.

02 2코를 모아 한번에 떠줍니다.

03 몇 단 더 뜨고 보면 왼코가 위로 겹쳐지면서 1코가 줄어듭니다.

코줄이기
왼코 겹치기(안뜨기)

01 안뜨기에서 왼코 겹치기도 2코를 한번에 안뜨기로 떠줍니다.

02 앞으로 돌려 보면 왼쪽의 코가 위로 겹쳐져 있습니다.

코줄이기
중심 3코 모아뜨기

01 중심 3코 모아뜨기를 할 부분까지 떠줍니다.

02 다음 2코를 겉뜨기 방향으로 한번에 걸어줍니다.

03 그대로 2코를 옮겨줍니다.

BASIC KNITTING

04 다음 1코를 떠줍니다.

05 다음은 그대로 넘겨준 2코에 바늘을 넣어줍니다.

06 2코를 끌어와 왼쪽코를 덮어 씌워줍니다.

07 2코가 줄었습니다.

08 몇 단을 더 뜨고 보면 가운데를 중심으로 양쪽의 코가 겹쳐져 있습니다.

기본 편물뜨기
가터뜨기

01 코를 잡고 겉뜨기로 끝까지 떠줍니다.

02 뒤로 돌려 마찬가지로 겉뜨기로 끝까지 떠줍니다.

03 겉뜨기만 반복하여 떠주면 가터뜨기가 완성됩니다.

기본 편물뜨기
메리야스뜨기

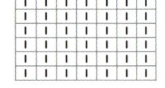

01 겉뜨기를 떠줍니다.

02 겉뜨기를 끝까지 1단 떠줍니다.

03 뒤로 돌려 안뜨기를 떠줍니다.

04 안뜨기를 끝까지 1단 떠줍니다.

05 겉뜨기와 안뜨기를 1단씩 번갈아가면서 떠줍니다.

기본 편물뜨기
1코 고무뜨기

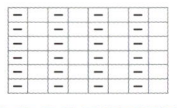

01 밑단의 모양과 같은 겉뜨기로 1코 떠줍니다.

02 실을 앞으로 옮겨줍니다.

03 밑단의 모양과 같은 안뜨기로 1코 떠줍니다.

BASIC KNITTING

04 겉뜨기 1코, 안뜨기 1코를 반복하여 떠줍니다.

05 1코 고무뜨기의 앞모습입니다.

06 뒤로 돌리면 앞면의 무늬와 반대이고 전체적인 무늬는 같습니다.

기본 편물뜨기
2코 고무뜨기

01 밑단의 무늬와 동일하게 겉뜨기로 2코 떠줍니다.

02 밑단의 무늬와 동일하게 안뜨기로 2코 떠줍니다.

03 반복하여 떠주면 2코 고무뜨기가 완성됩니다.

기본 편물뜨기
1코 2단 멍석뜨기

01 첫단은 1코 고무뜨기를 떠줍니다. 다음은 아래 무늬와 반대로 떠줍니다.

02 왼쪽 바늘의 코가 안뜨기 무늬였기 때문에 겉뜨기로 떠줍니다.

03 왼쪽의 다음코는 겉뜨기입니다.

04 반대인 안뜨기로 떠줍니다. 반복해서 겉뜨기와 안뜨기를 끝까지 떠줍니다.

05 뒤로 돌려 다음 단은 아래 무늬와 같은 무늬로 떠줍니다.

06 첫코가 안뜨기 코이기 때문에 안뜨기로 떠줍니다.

07 왼쪽 바늘의 다음 코는 겉뜨기 무늬입니다.

08 두 번째 코는 겉뜨기로 떠줍니다.

09 반복하여 2단마다 무늬를 바꾸어 떠줍니다.

응용 및 고급뜨기
가로 배색 넣기

01 배색하려는 실을 끝에 묶어줍니다.

02 도안에 따라 배색실로 떠줍니다.

03 배색실로 2코 고무뜨기 2단을 떠준 모습입니다.

04 본실로 실을 바꿀 때는 배색실을 밑으로 두고 본실을 위로 잡아줍니다.

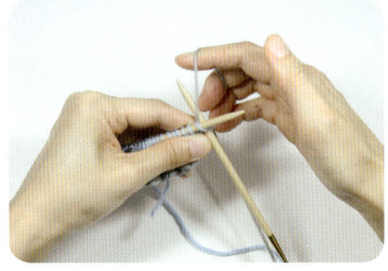
05 본실로 뜨기 시작합니다.

06 반복하여 떠주면 편물의 오른쪽 뒷면의 배색실들이 정리가 됩니다.

BASIC KNITTING

응용 및 고급뜨기

되돌아뜨기 (오른쪽 위 경사뜨기)

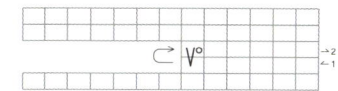

01 어깨에 14코가 남았고 2-7-2로 어깨 처짐을 만들려고 합니다.

02 7코까지만 떠줍니다.

03 실을 앞으로 놓습니다.

04 안뜨기 방향으로 바늘을 넣습니다.

05 그대로 코를 옮겨줍니다.

06 실을 다시 뒤로 넘겨줍니다.

07 5번에서 옮겨준 코를 다시 왼쪽 바늘로 옮겨줍니다.

08 편물을 뒤로 돌려줍니다.

09 각각의 도안에 맞게 끝까지 떠주면 오른쪽만 2단을 더 뜨게 됩니다.

10 다시 뒤로 돌려 뜨기 시작합니다.

11 되돌아 뜨기 시작 부분에 보면 코 아래에 실이 감겨 있습니다.

12 그 감겨 있는 실과 바늘에 걸려 있는 코를 함께 오른쪽 바늘에 넣어줍니다.

13 실을 걸어 떠줍니다.

14 끝까지 떠주면 오른쪽이 올라간 되돌아뜨기가 완성됩니다.

15 뒤로 돌려 보면 되돌아줄 때 감아준 실이 보입니다.

응용 및 고급뜨기

되돌아뜨기(왼쪽 위 경사뜨기)

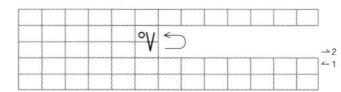

01 왼쪽 위 경사뜨기는 안뜨기(뒷면)에서 시작합니다.

02 14코가 남았고 2-7-2로 어깨처짐을 만들 때 7코까지만 떠줍니다.

03 실을 앞에 두고 안뜨기 방향으로 바늘을 넣습니다.

04 그대로 코를 옮겨줍니다.

05 실을 다시 뒤로 넘겨줍니다.

06 4번에서 옮겨준 코를 다시 왼쪽 바늘로 옮겨줍니다.

07 편물을 뒤로 돌려줍니다.

08 다음 코가 겉뜨기이기 때문에 실을 뒤로 넘겨줍니다.

09 각각의 도안에 맞게 끝까지 떠주면 왼쪽만 2단을 더 뜨게 됩니다.

BASIC KNITTING

10 다시 뒤로 돌려뜨기를 시작합니다.

11 되돌아뜨기 시작 부분에 보면 코 아래에 실이 감겨 있습니다.

12 감겨 있는 실을 뒤에서 앞으로 걸어줍니다.

13 그대로 위로 끌어올려 코 뒤쪽으로 넘겨줍니다.

14 끌어올린 코와 함께 2코가 됩니다. 2코를 한번에 떠줍니다.

15 끝까지 떠주고 돌리면 왼쪽이 올라간 경사뜨기가 완성됩니다.

코막음
기본 코막음

01 겉뜨기로 2코 떠줍니다.

02 왼쪽 바늘로 오른쪽 바늘의 첫코에 바늘을 넣어줍니다.

03 코를 끌어와 두 번째 코에 덮어 씌웁니다.

04 1코를 코막음을 하였습니다.

05 다시 겉뜨기 1코를 떠주고 첫 번째 코에 바늘을 넣어 덮어 씌어줍니다.

06 반복하여 끝까지 코막음을 해줍니다.

117

07 1코가 남았을 때 실을 잘라줍니다.

08 잘라준 실을 쭉 잡아당겨줍니다.

09 일반 코막음이 완성되었습니다.

코막음
돗바늘로 1코 고무 코막음

01 편물 길이의 3~4배 정도 남기고 실을 잘라줍니다.

02 돗바늘에 꿰어 첫코 앞에서 뒤로 바늘을 넣어 빼줍니다.

03 두 번째 코도 앞에서 뒤쪽 방향으로 바늘을 넣어줍니다.

04 2개의 코에 실을 통과시켜 잡아당겨 줍니다.

05 1번째 코와 3번째 코에 바늘을 넣어 줍니다.

06 2개의 코에 실을 통과시켜 잡아당겨 줍니다.

07 뒤쪽에서 2번째 코에 바늘을 넣어줍니다.

08 4번째 코의 앞에서 뒤쪽 방향으로 돗바늘을 넣어줍니다.

09 2개의 코에 실을 통과시켜 잡아당겨 줍니다.

BASIC KNITTING

10 5~9번까지 반복해 줍니다.

11 마지막 코 끝까지 마무리해줍니다.

12 남은 실은 편물 안으로 넣어 숨겨줍니다.

13 보이지 않게 넣고 실을 잘라줍니다. 다른 곳의 실도 정리해줍니다.

14 1코 고무뜨기 돗바늘로 코막음이 완성되었습니다.

연결 및 마무리

단과 단 잇기 (옆 솔기 연결하기)

01 단과 단 잇기는 보통 옆 솔기를 연결할 때 많이 사용됩니다.

02 연결할 부분은 첫코와 두 번째 코의 사이 라인에서 서로 연결해줍니다.

03 처음에는 맨 아랫단의 사이 라인의 첫코에 바늘을 넣어 연결해줍니다.

04 위 편물의 사이 라인에서 맨 아래 2코를 떠서 연결해줍니다.

05 3번에서 실이 나온 방향으로 바늘을 넣어 2코를 떠서 연결해줍니다.

06 4번에서 실이 나온 방향으로 바늘을 넣어 2코를 떠서 연결해줍니다.

07 반복하여 연결해줍니다.

08 옆 솔기가 깔끔하게 연결되었습니다.

09 뒷면의 모습에는 솔기가 생겼습니다.

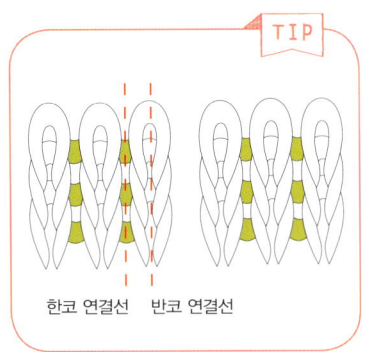
TIP
한코 연결선   반코 연결선

연결 및 마무리
단과 코 잇기

01 첫코의 뒤에서 앞으로 돗바늘을 넣어 잡아당겨줍니다.

02 단을 연결할 편물의 코와 코 사이의 첫단에서 1코를 떠서 잡아당겨줍니다.

03 실이 나온 방향으로 바늘을 넣어 2코 떠서 실을 잡아당겨줍니다.

04 단을 연결한 편물에서 1코를 떠서 잡아당겨줍니다.

05 한 번 더 반복해서 총 세 번 연결해줍니다.

06 단을 연결할 편물에서 2코 떠서 연결해줍니다.

BASIC KNITTING

07 코를 연결할 편물에서는 2코 떠서 연결해줍니다.

08 2~7번까지 반복합니다. 이때 편물의 길이를 고려하여 콧수를 조절합니다.

09 뒷면에 솔기가 생겼습니다.

연결 및 마무리
메리야스 잇기

01 연결할 2개의 단이 있습니다.

02 실이 나온 단의 첫코의 밑에서 위쪽 방향으로 돗바늘을 넣어줍니다.

03 바늘을 잡아당겨 실을 통과시켜주고 코를 빼줍니다.

04 계속해서 윗단 첫코의 밑에서 위쪽 방향으로 돗바늘을 넣어줍니다.

05 실을 잡아당기고 코를 빼줍니다.

06 밑단에서 옆으로 빼두었던 코의 위에서 아래 방향으로 돗바늘을 넣어줍니다.

07 바로 다음 코의 밑에서 위쪽 방향으로 돗바늘을 넣어줍니다.

08 같은 방법으로 실을 잡아당겨주고 코를 빼줍니다.

09 윗단에서 옆으로 빼두었던 코의 위에서 아래 방향으로 돗바늘을 넣어줍니다.

10 다음 코의 밑에서 위쪽 방향으로 돗바늘을 넣어 잡아당겨 코를 빼줍니다.

11 과정 6~10까지 반복해줍니다.

12 실을 적당히 잡아당겨 메리야스 무늬가 자연스럽게 연결되도록 해줍니다.

13 마지막 코는 6번과 같이 연결해줍니다.

14 메리야스 잇기가 깔끔하게 연결되었습니다.

연결 및 마무리
실 정리하기

01 남아 있는 실에 돗바늘을 끼워줍니다.

02 편물의 안쪽이나 솔기 부분에 실을 숨겨줍니다.

03 솔기부분에 감침질이나 홈질을 해줍니다.

04 3회 정도 바느질하여 실이 빠져 나오지 않게 해줍니다.

05 실을 바싹 잘라줍니다.

06 남은 실이 보이지 않게 정리가 되었습니다.

01
투스카니 넥워머

필요한 준비물 ☐ 투스카니. (여) 그린 블루 믹스 3볼, (남) 그레이 블랙 믹스 3볼, 대바늘 7.0mm 2개, 별실 약간, 코바늘, 돗바늘
완성 치수 ☐ 약 33 × 37cm
게이지 10 × 10(cm) ☐ 메리야스뜨기, 7.0mm 대바늘 : 13코 × 18단

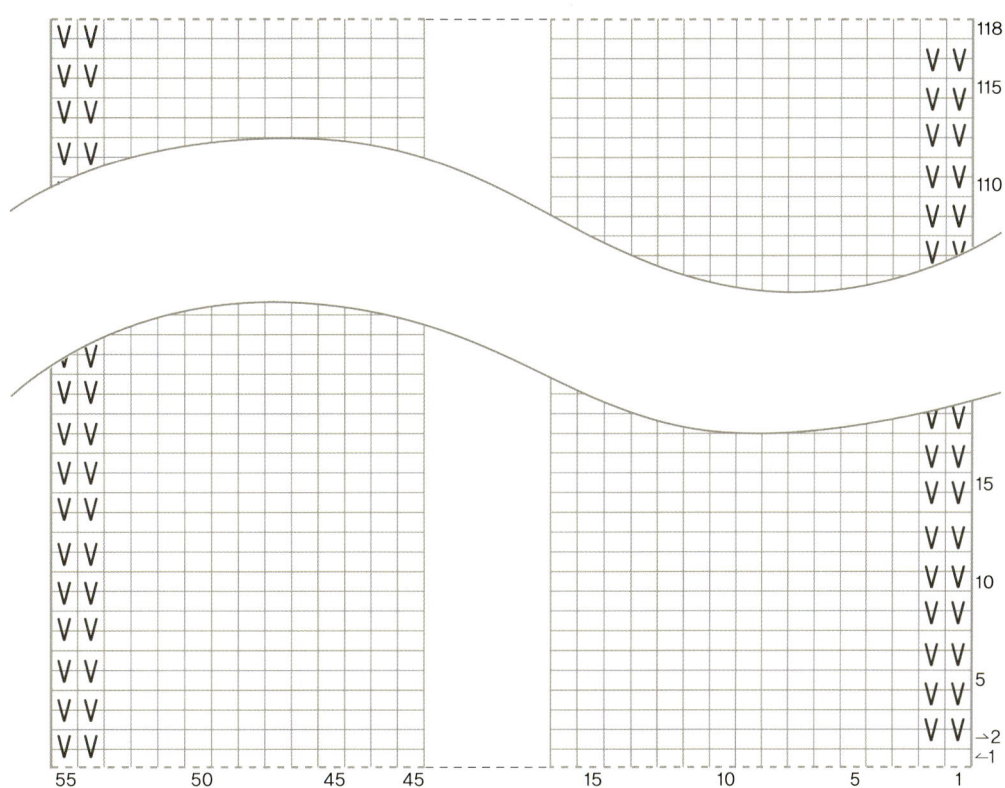

KNITTING DESIGN

만드는 방법
1. 별실을 이용하여 사슬뜨기로 55코 잡아줍니다(여유 있게 60코까지 잡아도 됨).
2. 7.0mm 대바늘을 사용하여 사슬뜨기 콧등에서 55코 주워줍니다.
3. 뒤로 돌려 걸러뜨기 2코를 해주고 안뜨기로 시작하여 메리야스뜨기를 해줍니다.
4. 양옆 2코씩은 걸러뜨기를 해주면서 약 65cm(약 118단)까지 떠줍니다.
   (실이 약 2m 정도 남을 때까지 떠주면 남는 실 없이 완성할 수 있음)
5. 별실을 풀러내어 사코에서 주은 코들을 바늘에 옮겨줍니다.
6. 끝코와 시작코는 돗바늘로 메리야스 잇기를 해줍니다.
7. 실을 정리하여 완성해줍니다.

02
리치풀 모드 넥워머

필요한 준비물 □ 모드, (여) 흰색 3볼, (남) 검정 3볼, 대바늘 7.0mm, 돗바늘
완성 치수 □ 약 62 × 27cm

만드는 방법
1. 7.0mm 바늘을 이용하여 일반코로 161코 잡아줍니다.
2. 뒤로 돌려 안뜨기부터 시작하여 1코 고무뜨기를 떠줍니다.
3. 코잡은 단을 포함하여 고무뜨기 6단을 떠줍니다.
4. 왼코 겹치기와 바늘비우기를 이용하여 무늬를 떠줍니다.
5. 짝수단에서도 같은 방법으로 왼코 겹치기와 바늘비우기를 떠줍니다.
6. 무늬뜨기를 약 20cm까지 뜨고 1코 고무뜨기 6단을 떠주고 코막음을 해줍니다.
7. 옆 솔기를 반코 옆에서 연결하고 실 정리를 하여 완성해줍니다.

03
울베이스 폼폼 후드 넥워머

필요한 준비물 □ 울베이스. (여) 울베이스. 연그레이 3볼, 지니울. 핫핑크 1볼, (남) 연그레이 3볼, 지니울. 1볼, 대바늘 7.0mm, 돗바늘

완성 치수 □ (여) 약 29 × 66cm, (남) 약 33 × 66cm

여자 상세 도안

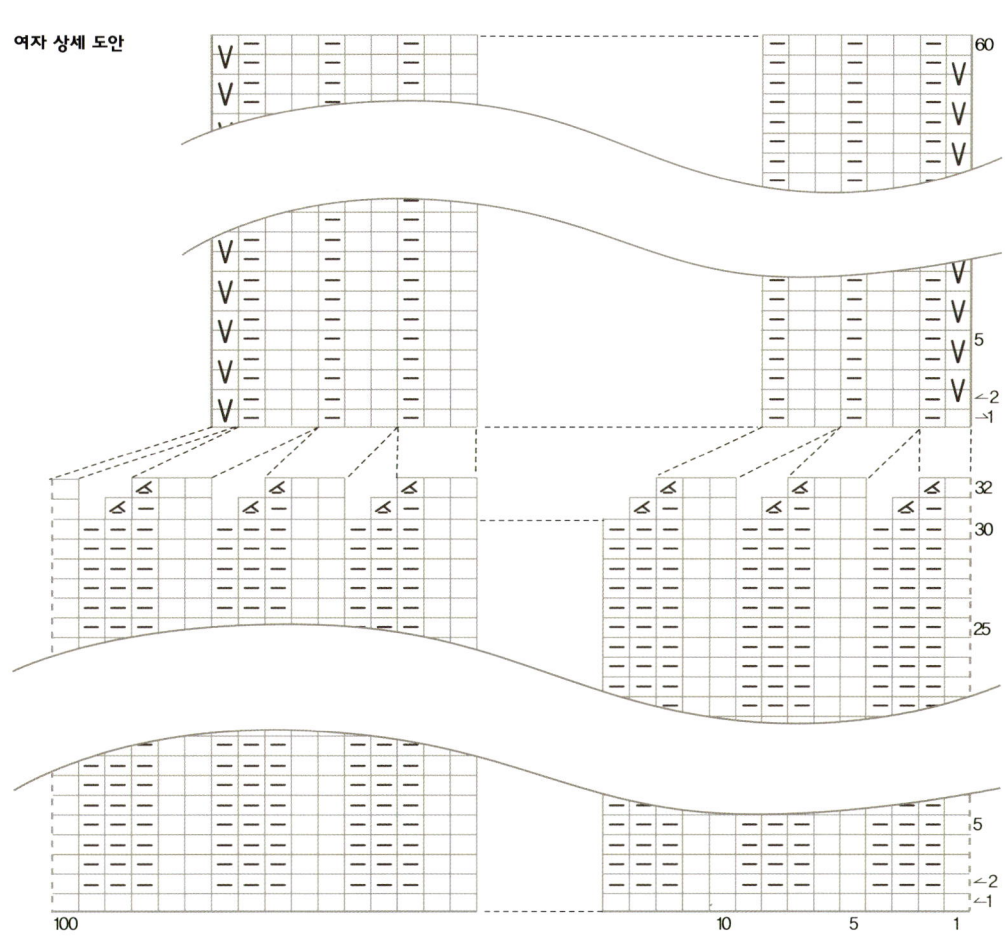

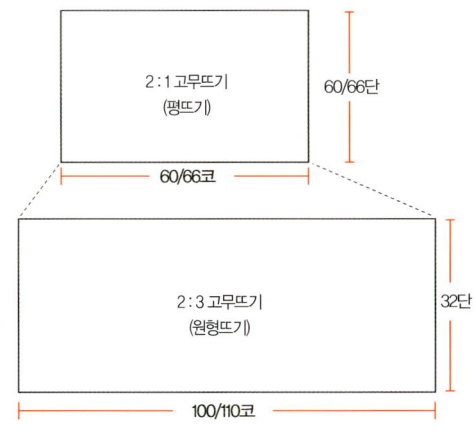

만드는 방법 [여(남)]

1. 일반 코잡기로 100(110)코 잡아줍니다.
2. 원형으로 잡아 2:3 고무뜨기로 30단 떠주고 안뜨기에서 코를 2단에 걸쳐 줄여줍니다.
3. 남은 코는 60(66)코가 되고 평뜨기로 60(66)단 떠줍니다. 이때 양쪽 1코씩은 걸러뜨기로 떠줍니다.
4. 코를 반으로 접어 돗바늘로 연결해줍니다.
5. 방울을 만들어 모자 끝에 달아주고 실을 정리하여 완성해줍니다.

04
아도르 숄 머플러

필요한 준비물 □ 아도르, (여) 빨강 6볼, (남) 밤색 4볼, 대바늘 6.0mm, 돗바늘
완성 치수 □ (여) 약 52 × 146cm, (남) 약 23 × 180cm

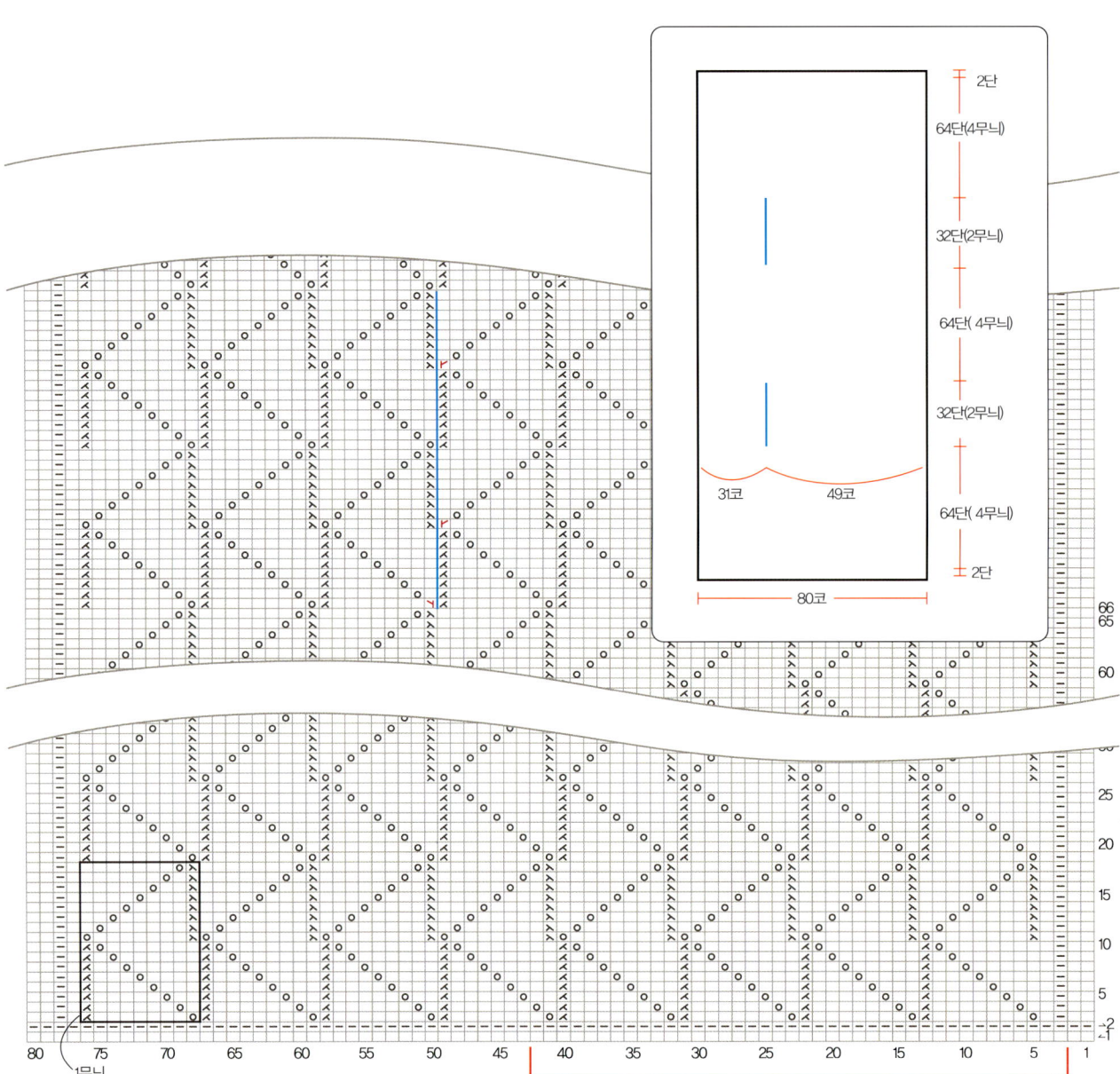

만드는 방법 (여)

1. 6.0mm 바늘을 이용하여 일반코로 80코 잡아줍니다.
2. 뒤로 돌려 겉뜨기 1단 떠줍니다.
3. 무늬뜨기를 64단 떠줍니다(4무늬).
4. 진동둘레를 위해 49코와 50코 사이에서 왼쪽과 오른쪽을 따로 떠 줍니다.
5. 무늬가 갈라지는 부분의 바늘비우기는 코늘림으로 떠주면서 32단(2 무늬)을 떠줍니다.
6. 다시 왼쪽과 오른쪽을 합쳐 64단(4무늬)을 떠줍니다.
7. 다른 쪽의 진동둘레를 같은 방법으로 만들어주고 다시 합쳐 떠줍니다.
8. 마지막은 겉뜨기 1단을 떠주고 코막음을 해줍니다.
9. 실 정리를 하고 스팀다림질을 하여 완성해줍니다.

남자 목도리는 40코 잡아 양쪽으로 겉뜨기 2코씩 떠주면서 무늬뜨기 4회를 떠서 길이만큼 떠줍니다.

05
4색 포켓 머플러

필요한 준비물 □ 알파카 에이스(1볼≒90g), 그레이, 베이지, 흰색, 올리브(여자는 다크레드) 1볼씩 총 4볼, 대바늘 7.0mm
완성 치수 □ 약 17 × 200cm

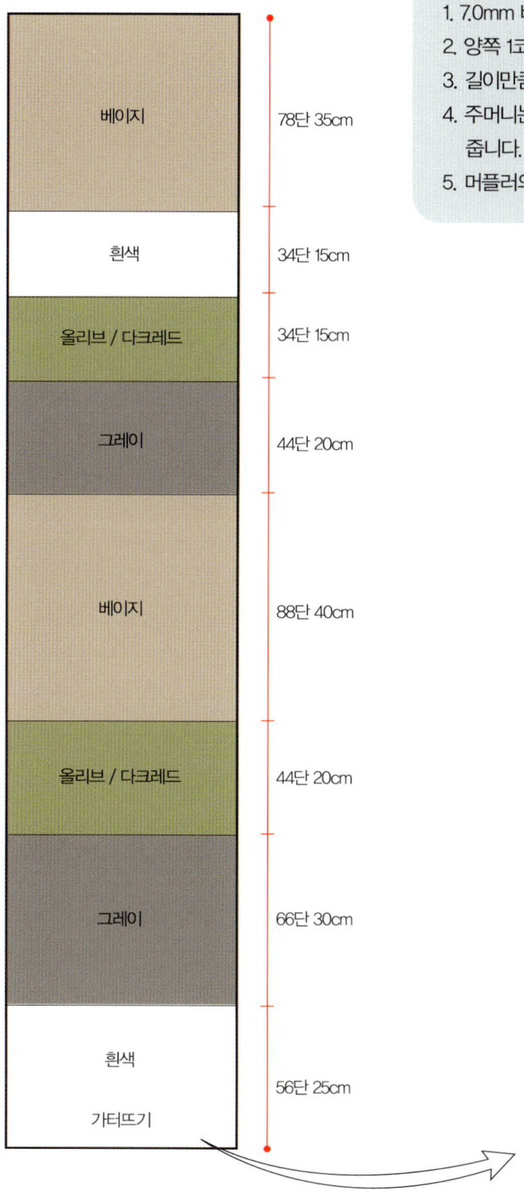

만드는 방법
1. 7.0mm 바늘을 이용해 흰색 실로 시작코 24코를 만듭니다.
2. 양쪽 1코씩은 걸러뜨기하면서 가터뜨기하여 배색을 넣어줍니다.
3. 길이만큼 뜨고 코막음을 한 후 실 정리를 해줍니다.
4. 주머니는 베이지(다크레드)색 실로 19코 잡아 메리야스뜨기한 후 1코 고무뜨기로 마무리해 줍니다.
5. 머플러의 양쪽 끝에 주머니를 달아 완성합니다.

색상	단/cm
베이지	78단 35cm
흰색	34단 15cm
올리브 / 다크레드	34단 15cm
그레이	44단 20cm
베이지	88단 40cm
올리브 / 다크레드	44단 20cm
그레이	66단 30cm
흰색 (가터뜨기)	56단 25cm

주머니 - 메리야스뜨기

가터뜨기

KNITTING DESIGN

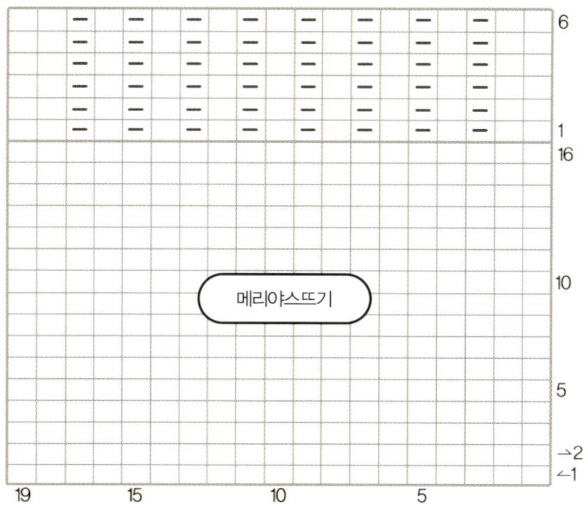

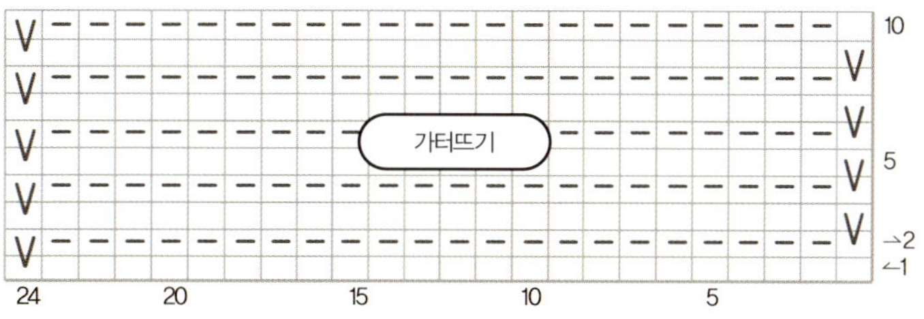

06
버티칼 배색 머플러

필요한 준비물 ☐ 시베리아. (여) 베이지, 주홍 각 2볼 총 4볼. (남) 베이지, 네이비 각 2볼 총 4볼. 대바늘 6.0mm, 코바늘, 돗바늘
완성 치수 ☐ 약 21 × 200cm

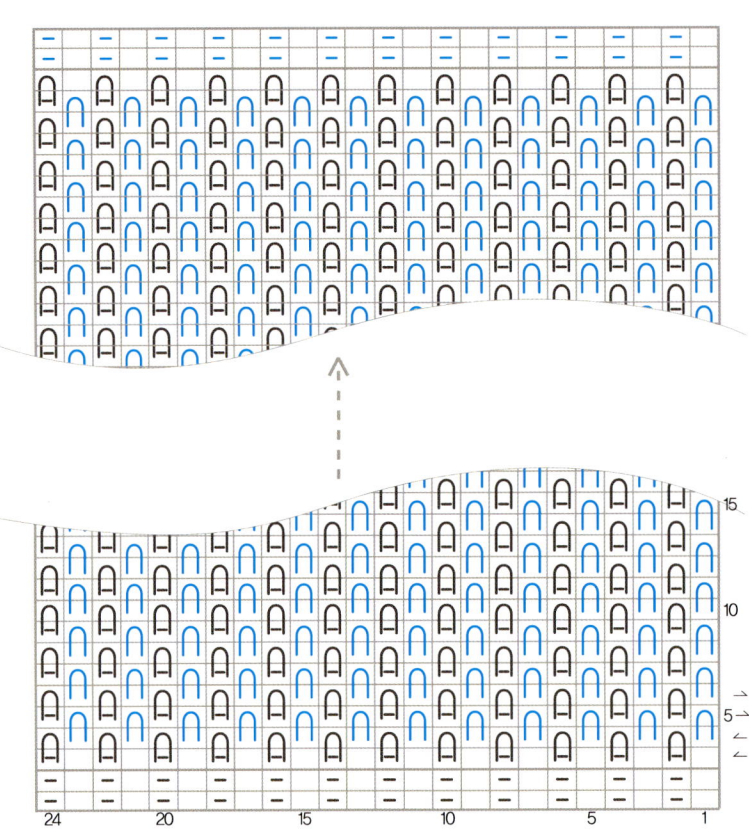

만드는 방법 [여(남)]
1. 6.0mm 대바늘을 사용하여 베이지색 실로 1코 고무뜨기 코잡기 24코를 만듭니다.
2. 베이지색 실로 겉뜨기와 끌어올리기를 반복하여 떠줍니다.
3. 편물을 반대 방향으로 밀고 주홍(네이비)색 실로 끌어올리기와 안뜨기를 반복하여 떠줍니다.
4. 뒤로 돌려 베이지색 실로 끌어올리기와 안뜨기를 반복하여 떠줍니다.
5. 편물을 반대 방향으로 밀어 놓고 주홍(네이비)색 실로 겉뜨기와 끌어올리기를 반복하여 떠줍니다.
6. 계속 반복하여 원하는 길이만큼 떠줍니다.
7. 주홍(네이비)색 실로 1코 고무뜨기 2단을 떠주고 돗바늘로 코막음을 해줍니다.
8. 남은 실을 정리하고 완성해줍니다.

KNITTING DESIGN

07
더블 믹스 후드 머플러

필요한 준비물 ☐ 7ply(7플라이), (여) 멜란 연그레이 4볼, 민트 4볼 총 8볼, (남) 멜란 연그레이 4볼, 소라 4볼 총 8볼, 대바늘 12.0mm, 8.0mm

완성 치수 ☐ 약 19 × 122cm

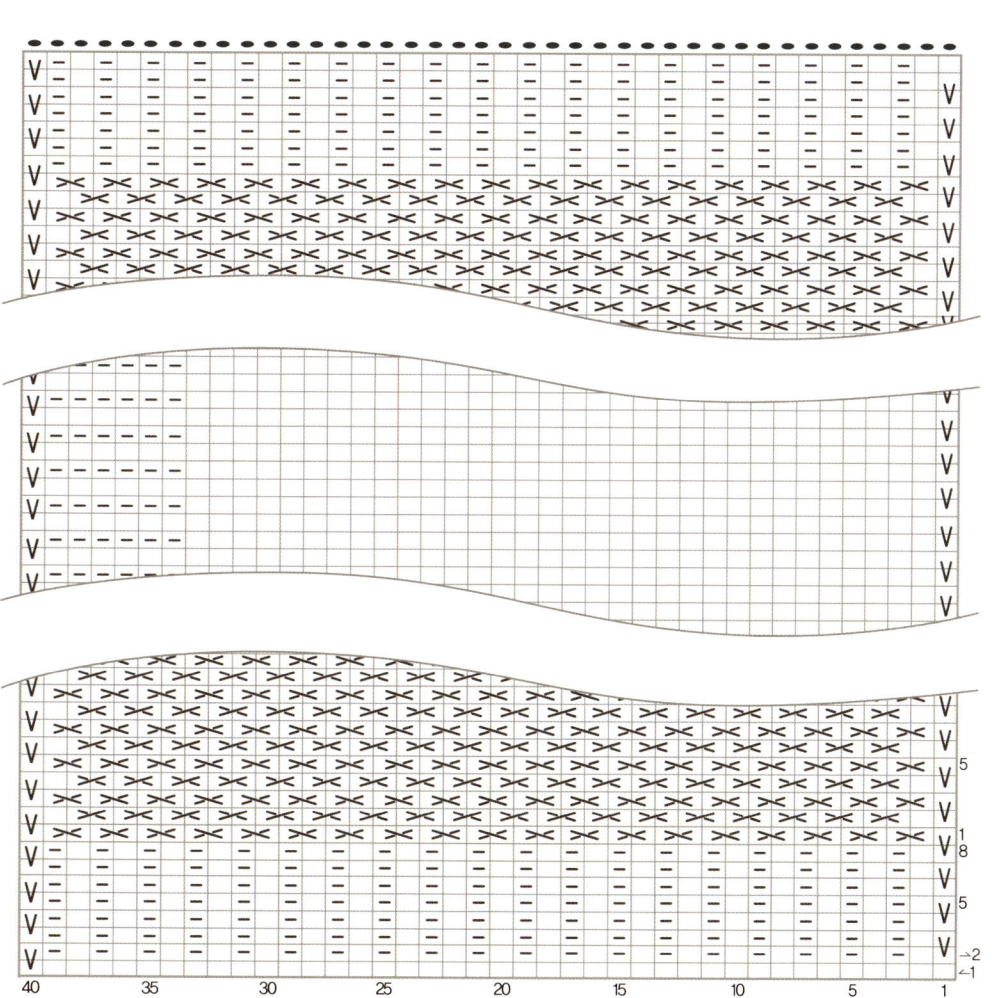

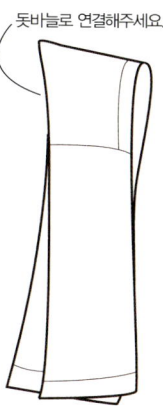

만드는 방법 [여(남)]

1. 멜란 그레이와 민트(멜란 그레이와 소라)색 실을 겹쳐 두 겹으로 만들어줍니다.
2. 8.0mm 바늘을 사용하여 양쪽 1코씩은 걸러뜨기해주면서 1코 고무뜨기 8단을 떠줍니다.
3. 12.0mm 바늘로 바꾸어 오른코 교차뜨기를 떠줍니다.
4. 뒤로 돌려 걸러뜨기 1코, 안뜨기 1코를 한 다음 안뜨기로 왼쪽 위 교차뜨기를 해줍니다. 약 110단까지 떠줍니다.
5. 8.0mm로 바꾸어 왼쪽 7코(걸러뜨기 1코 포함)는 가터뜨기로 뜨고 나머지 코(걸러뜨기 1코 포함)는 메리야스뜨기로 약 100단 떠줍니다.
6. 다시 12.0mm로 바늘을 바꾸어 교차 무늬를 약 110단 떠줍니다.
7. 마지막 고무단은 8.0mm로 바꾸어 8단 떠주고 코막음을 해줍니다.
8. 메리야스 부분을 반으로 접어 모자의 솔기를 돗바늘로 꿰매줍니다.
9. 실 정리를 하고 완성해줍니다.

08
칼리오페 버튼 핸드워머

필요한 준비물 □ 칼리오페(1볼≒50g) (여) No. 18 1볼, (남) No. 17 2볼, 대바늘 4.0mm, 단추 2개, 밑단추 2개
완성 치수 □ (여) 8 × 18cm, (남) 9.5 × 18cm
게이지 10 × 10(cm) □ 메리야스뜨기, 10 × 10cm = 24코 × 32단

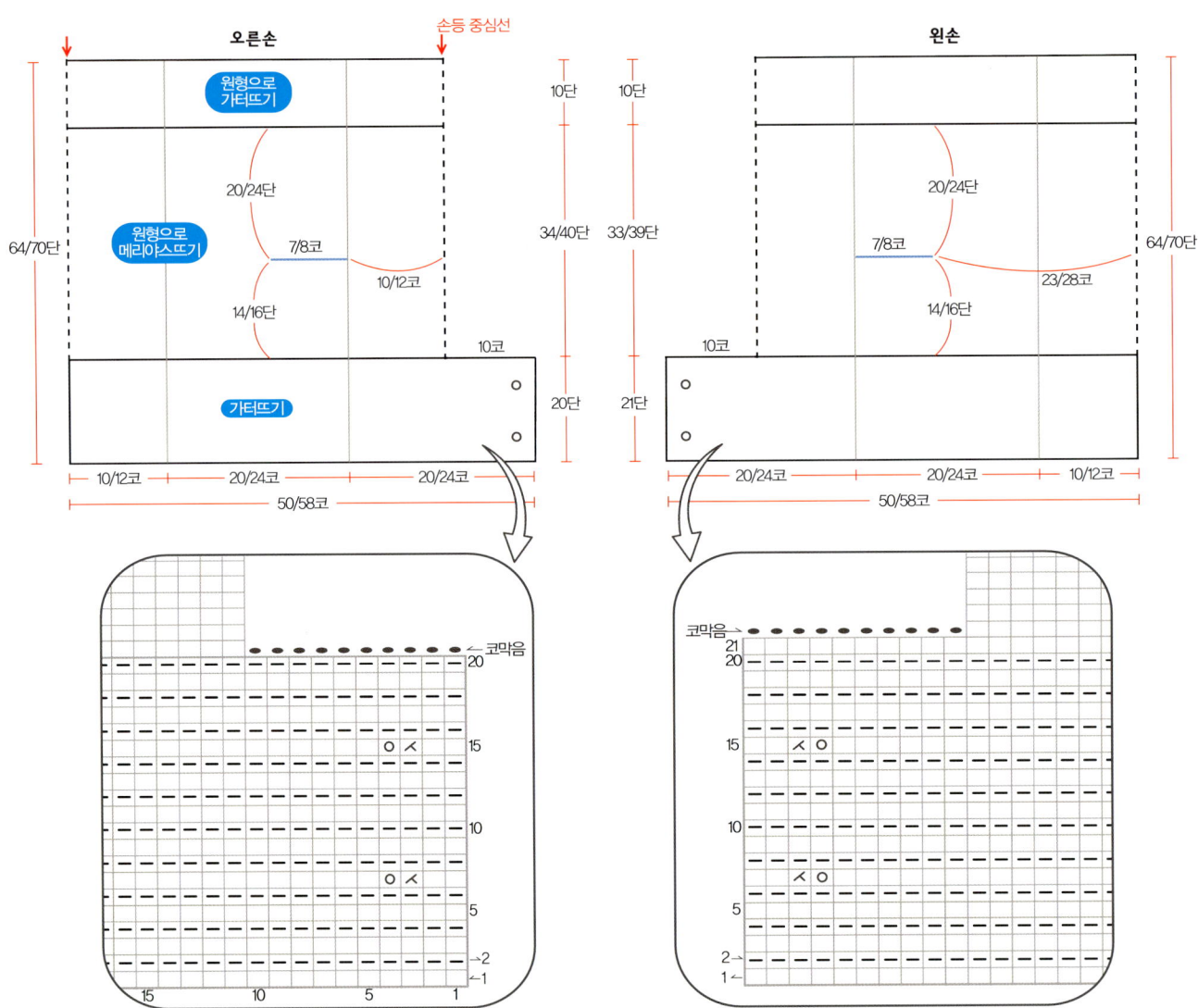

만드는 방법 [여(남)]

1. 4.0mm 대바늘로 시작코 50(58)코를 만들어 가터뜨기를 떠줍니다.
2. 단춧구멍을 만들어주면서 가터뜨기를 20단 뜨고 10코만 코막음을 해줍니다.
3. 남아 있는 40(48)코를 메리야스뜨기로 원형뜨기해줍니다(겉뜨기 반복).
4. 메리야스뜨기로 14(16)단 뜬 후 덧실을 이용해 엄지부분의 7(8)코를 떠줍니다.
5. 계속해서 메리야스뜨기 20(24)단 뜬 후 가터뜨기(겉뜨기 1단 안뜨기 1단 반복)로 10단을 떠주고 코막음을 합니다.
6. 엄지 부분의 덧실을 풀어내고 14(16)코를 잡아 원형뜨기로 가터뜨기 8단 뜬 후 코막음을 해줍니다.
7. 알맞은 위치에 밑단추와 함께 단추를 달아줍니다.
8. 대칭으로 반대쪽 워머를 떠서 완성해줍니다.

KNITTING DESIGN

09 아스트리드 핸드워머

필요한 준비물 □ (여) 모드 2볼, 샐리 1볼, (남) 모드 2볼, 대바늘 6.5mm, 7.0mm, 돗바늘, 샤무드 끈 약 200cm

완성 치수 □ (여) 약 11 × 32cm, (남) 약 12 × 32cm

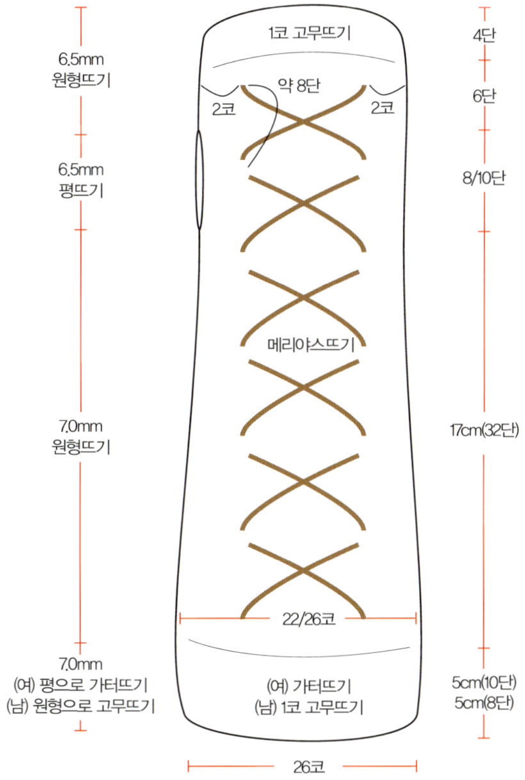

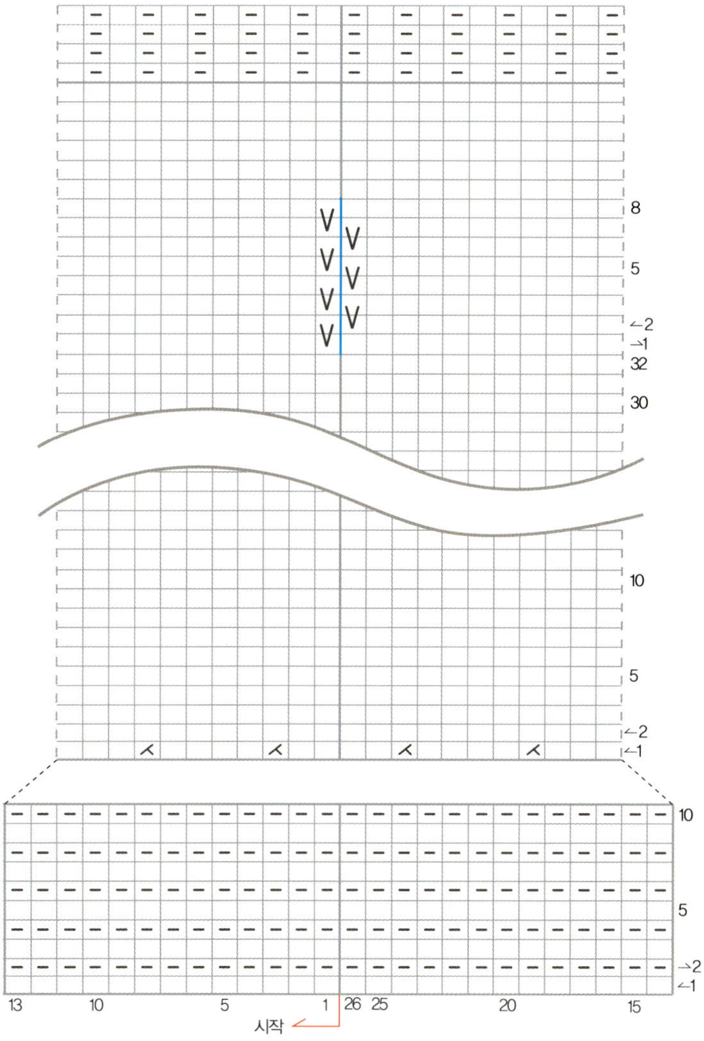

만드는 방법 (여)

1. 샐리 실을 7.0mm 바늘로 26코 잡아줍니다.
2. 평으로 가터뜨기 5cm(약 10단)를 떠줍니다.
3. 모드 실로 바꾸어 4코 줄여주면서 원형으로 메리야스뜨기 32단을 떠줍니다.
4. 엄지구멍을 위해 바늘을 6.5mm로 바꾸어 평으로 메리야스뜨기 8단 떠주는데 양쪽 1코씩은 걸러뜨기로 떠줍니다.
5. 다시 원형으로 바꾸어 메리야스뜨기 6단을 떠줍니다.
6. 1코 고무뜨기 4단을 떠주고 돗바늘로 코막음을 합니다.
7. 같은 방법으로 한장 더 만들어줍니다.
8. 샤무드 끈을 손등에 'X' 모양으로 엮어줍니다.

만드는 방법 (남)

1. 모드 실을 7.0mm 바늘로 26코 잡아줍니다.
2. 원형으로 1코 고무뜨기 5cm(약 8단)를 떠줍니다.
3. 메리야스뜨기로 바꾸어 32단 떠줍니다.
4. 엄지구멍을 위해 바늘을 6.5mm로 바꾸어 평으로 메리야스뜨기 10단을 떠주는데 양쪽 1코씩은 걸러뜨기로 떠줍니다.
5. 다시 원형으로 바꾸어 메리야스뜨기 6단을 떠줍니다.
6. 1코 고무뜨기 4단을 떠주고 돗바늘로 코막음을 합니다.
7. 같은 방법으로 한장 더 만들어줍니다.

10
가터 롱 핸드워머

필요한 준비물 □ 7ply(7플라이), (여) 멜란 와인 2볼, (남) 멜란 카키 2볼, 대바늘 4.0mm, 돗바늘
완성 치수 □ (여) 약 9 × 32cm, (남) 약 10 × 32cm

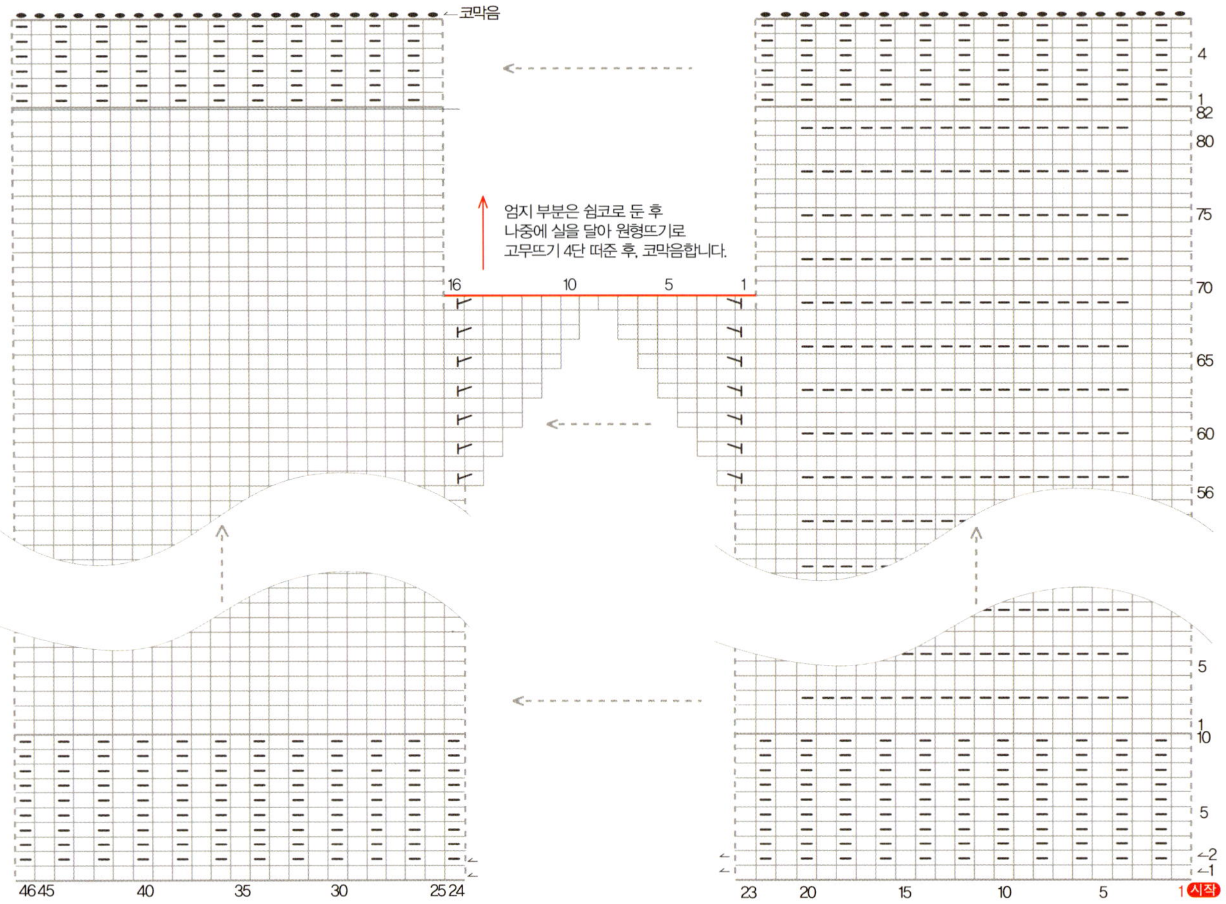

엄지 부분은 쉼코로 둔 후 나중에 실을 달아 원형뜨기로 고무뜨기 4단 떠준 후, 코막음합니다.

만드는 방법 [여(남)]

1. 4.0mm 바늘을 이용하여 일반코로 46(50)코 잡아줍니다.
2. 원형으로 뜨면서 1코 고무뜨기 10단을 떠줍니다.
3. 메리야스 무늬로 떠주는데 손등의 17(19)코만 3단에 한 번씩 안 뜨기하여 무늬를 떠줍니다.
4. 56단까지 뜬 후 엄지 부분의 코를 양쪽으로 7(8)회 늘려줍니다.
5. 엄지 부분의 양쪽 1코씩 더하여 16(18)코는 쉼코로 두고 나머지 코들만 합쳐 다시 떠줍니다.
6. 1코 고무뜨기 6단을 떠준 후 코막음을 해줍니다.
7. 엄지의 쉼코에 바늘을 옮겨 원형으로 1코 고무뜨기 4단을 떠주고 코막음을 해줍니다.
8. 실 정리를 합니다. 반대쪽은 손등의 무늬만 도안상의 왼쪽으로 옮겨 떠줍니다.

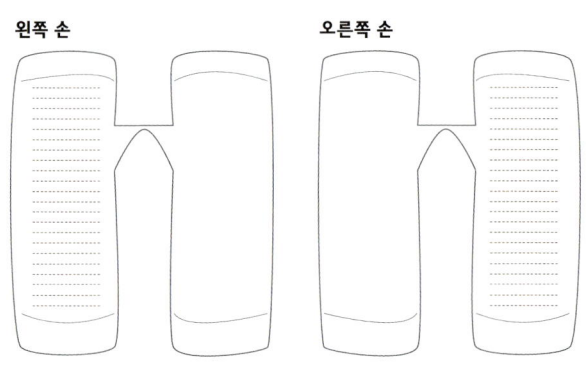

왼쪽 손   오른쪽 손

132

11 소소한 일상 벙어리장갑

필요한 준비물 ☐ 알파카 에이스, 네이비, 다크레드 각 2볼씩 총 4볼, 대바늘 6.0mm, 단수마커, 돗바늘
완성 치수 ☐ (여) 8 × 22cm, (남) 9 × 24cm

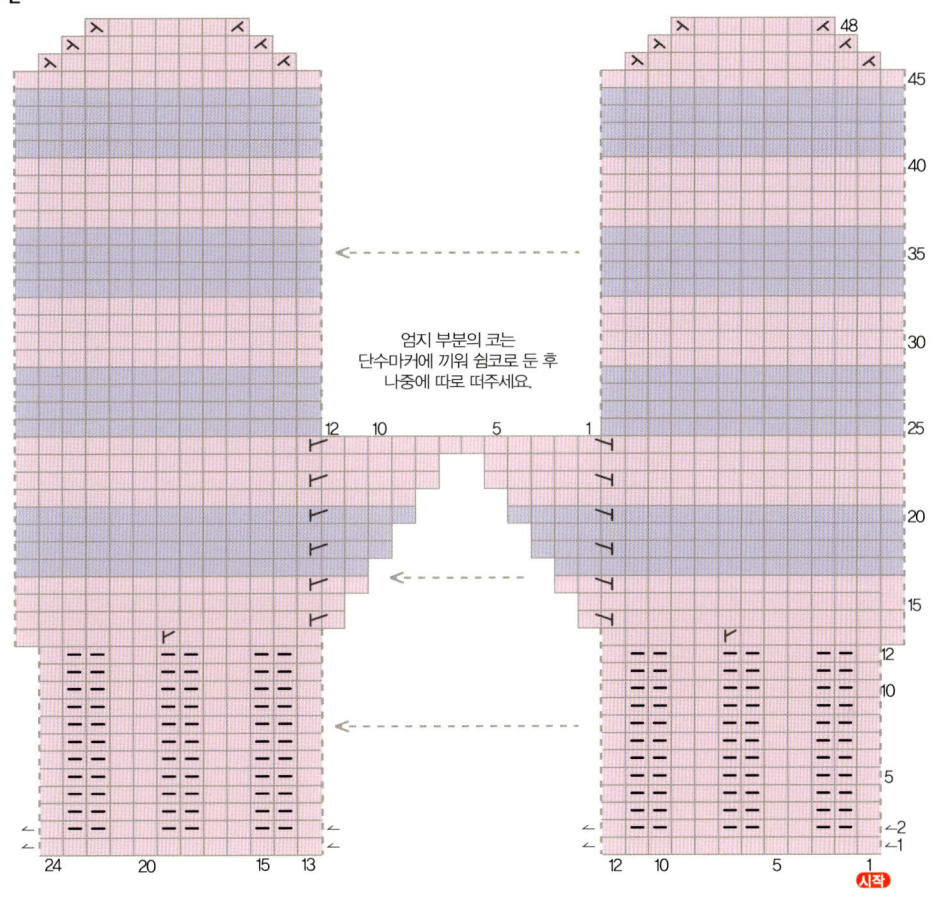

여자 상세 도안

만드는 방법 (여)

1. 6.0mm 대바늘로 24코 만들어 2코 고무뜨기를 원형으로 12단 떠줍니다.
2. 메리야스뜨기로 뜨면서 2코를 늘려주어 26코로 만들어줍니다.
3. 계속해서 메리야스뜨기를 하고 4단마다 배색하면서 엄지 부분을 2-1-6으로 12코(12단) 늘려준 후 엄지 부분의 코만 쉼코로 둡니다.
4. 손등과 손바닥 부분의 코는 다시 원형뜨기로 떠주면서 45단까지 떠주고 1-1-3으로 양쪽과 앞뒤로 총 4곳을 줄여줍니다.
5. 손끝 부분의 남은 코를 메리야스 잇기하여 마무리해줍니다.
6. 엄지 부분에 실을 달아 엄지 부분을 완성하고 반대쪽을 떠주어 완성합니다.

만드는 방법 (남)

1. 6.0mm 대바늘로 28코 만들어 2코 고무뜨기를 원형으로 12단 떠줍니다.
2. 메리야스뜨기로 바꾸어 뜨고 배색을 하면서 엄지 부분을 2-1-7로 14코(14단) 늘려준 후 엄지 부분의 코만 쉼코로 둡니다.
3. 손등과 손바닥 부분의 코는 다시 원형뜨기로 떠주면서 47단까지 떠주고 1-1-3으로 양쪽과 앞뒤로 총 4곳을 줄여줍니다.
4. 손끝 부분의 남은 코를 메리야스 잇기하여 마무리해줍니다.
5. 엄지 부분에 실을 달아 엄지 부분을 완성하고 반대쪽을 떠주어 완성합니다.

남자 상세 도안

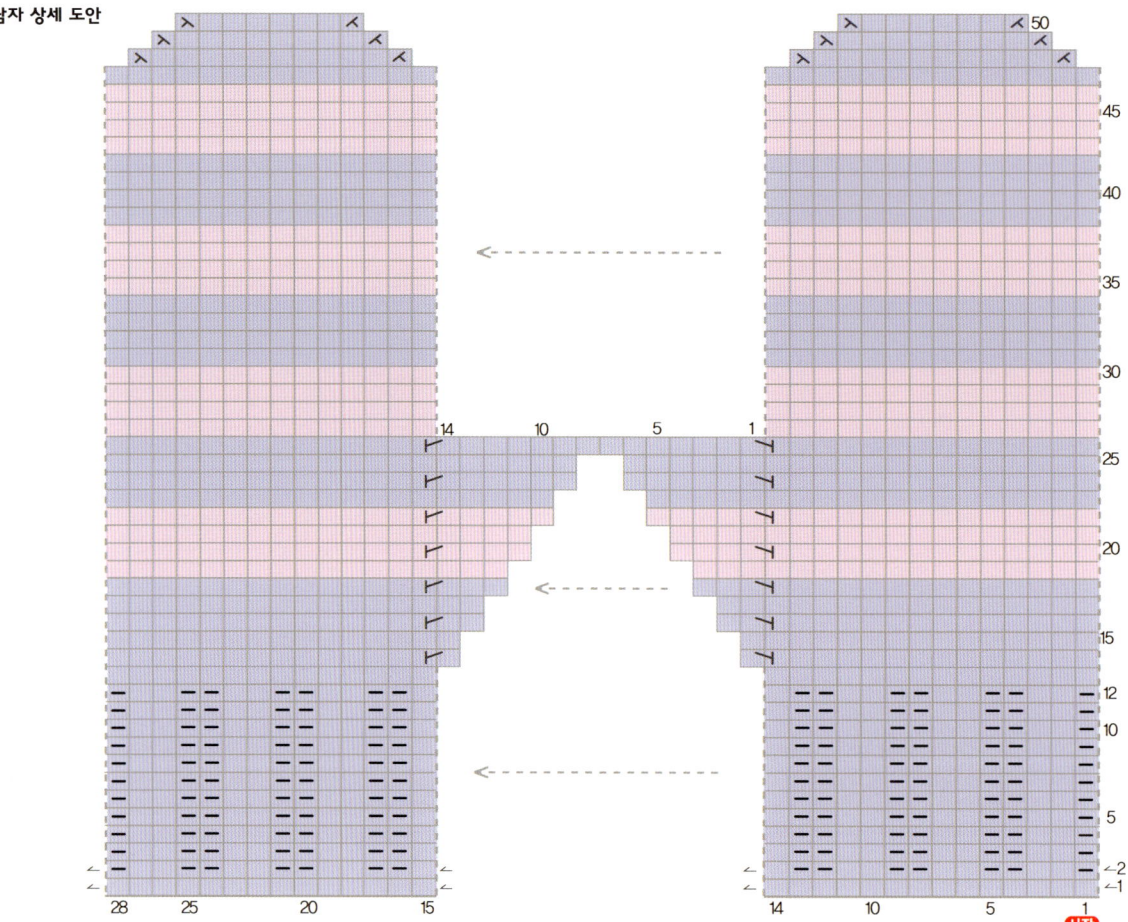

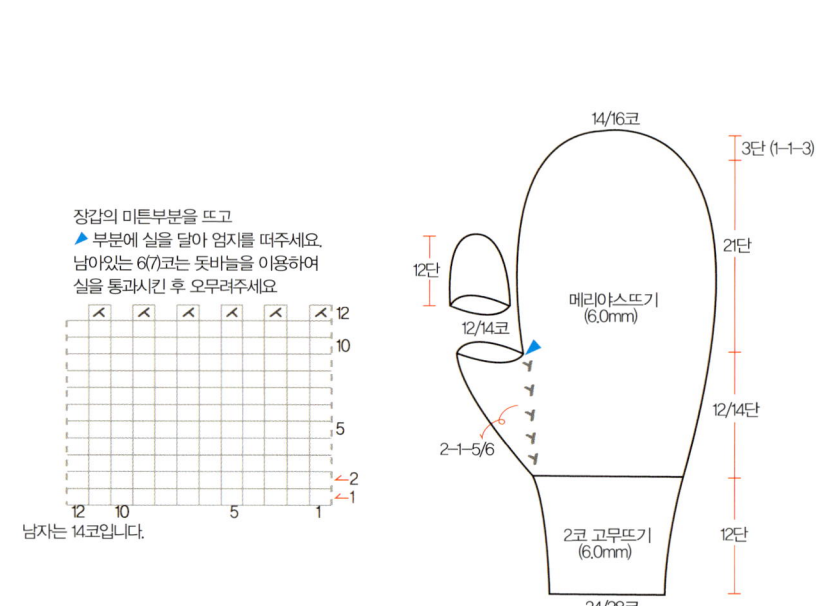

장갑의 미튼부분을 뜨고
▶ 부분에 실을 달아 엄지를 떠주세요.
남아있는 6(7)코는 돗바늘을 이용하여
실을 통과시킨 후 오무려주세요.

남자는 14코입니다.

KNITTING DESIGN

12
왕손 끈달이 벙어리장갑

필요한 준비물 ☐ 모드. (여) 진베이지 1/2볼, 인디핑크 1볼, (남) 진베이지 1/2볼, 청록 1볼, 대바늘 6.5mm(여), 7.0mm(남), 7/0호 코바늘, 돗바늘, 단수마커

완성 치수 ☐ (여) 약 10 × 23cm, (남) 약 11 × 24cm

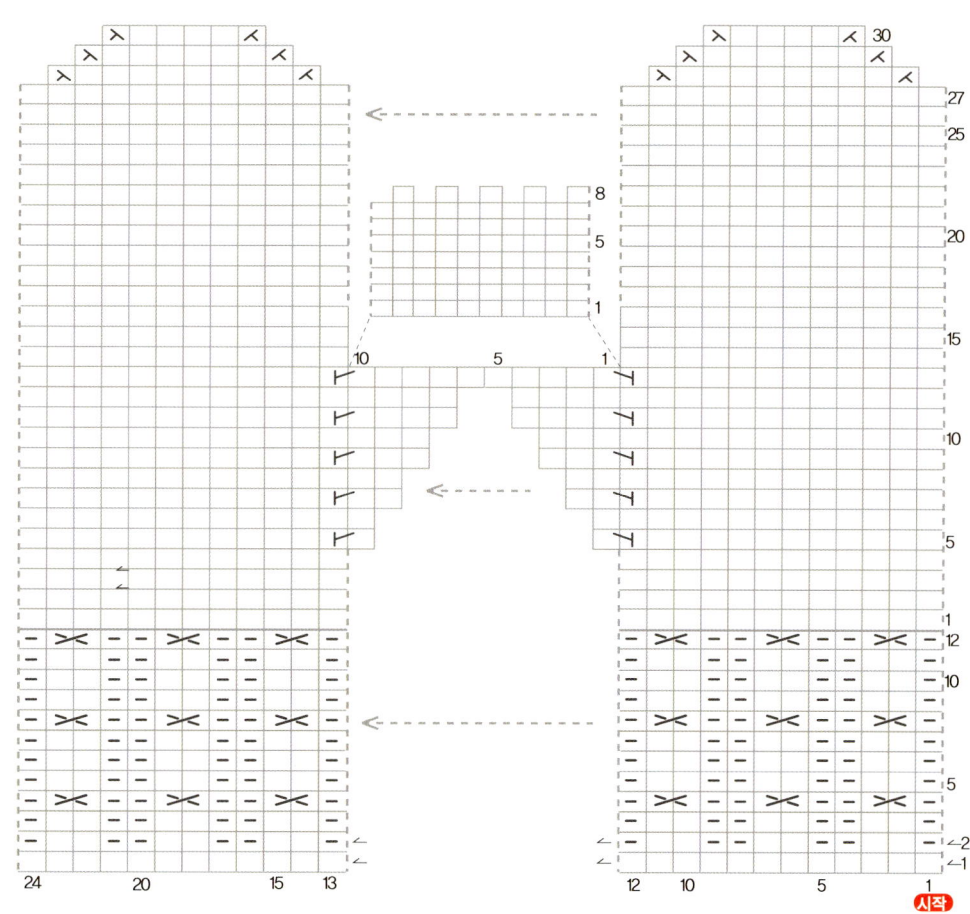

만드는 방법 [여(남)]

1. 6.5(7.0)mm 대바늘을 사용하여 베이지색 실로 24코를 만듭니다(여자용은 6.5mm, 남자용은 7.0mm 바늘 사용).
2. 원형뜨기로 뜨면서 꽈배기 무늬를 넣어줍니다.
3. 도안을 참고하여 12단을 떠줍니다.
4. 인디핑크(청록)색 실로 바꾸어 메리야스뜨기로 4단 떠줍니다.
5. 엄지 부분의 코늘림을 해줍니다.
6. 엄지의 코만 단수마커에 끼워 쉼코로 두고 나머지 코들만 다시 원형뜨기해줍니다.
7. 메리야스뜨기로 총 27단까지 떠주고 양쪽으로 코줄임을 해줍니다.
8. 남아 있는 코는 메리야스 잇기로 연결해줍니다.
9. 베이지색 실로 엄지 부분의 코만 원형뜨기로 7단 떠줍니다.
10. 8단째 코줄임을 해주고 남아 있는 5코는 돗바늘로 오므려줍니다.
11. 엄지 시작 부분의 벌어진 곳은 자투리 실을 이용하여 돗바늘로 꿰매줍니다.
12. 실 정리를 하고 같은 방법으로 한장 더 만들어줍니다.
13. 코바늘을 이용하여 이중사슬뜨기를 하여 끈을 달아줍니다.

13
유니크 손가락장갑

필요한 준비물 □ 지니. (여) 진베이지 1볼, 자몽핑크 2볼, (남) 연그레이 1볼, 밤색 2볼, 대바늘 4.0mm(여), 4.5mm(남), 돗바늘
완성 치수 □ (여) 약 8.5 × 21cm, (남) 약 9 × 23cm

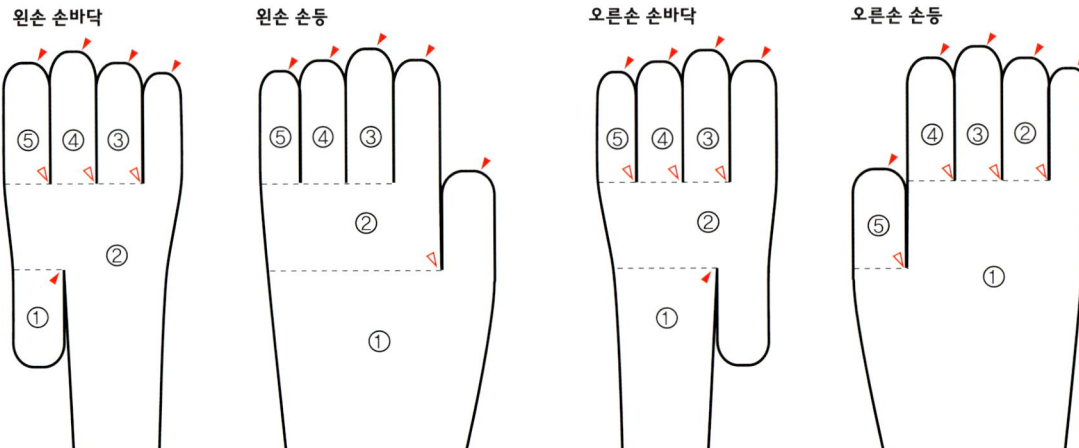

만드는 방법 (왼손 손등)
1. 4.0(남자용은 4.5mm 바늘 사용) 바늘을 사용하여 자몽핑크(밤)색 실로 일반코 27코를 잡아줍니다.
2. 메리야스뜨기 32단을 떠줍니다.
3. 33단째에 엄지 부분의 코를 2코 늘려줍니다.
4. 35단째부터는 엄지 부분의 8코만 따로 떠주고 코막음을 해줍니다.
5. ◁에 실을 달아 14단 떠주고 코늘림을 하여 도안을 참고하여 순서대로 손가락을 만들어줍니다.

만드는 방법 (왼손 손바닥)
1. 엄지를 만들어 주기 위해 진베이지(연그레이)색 실로 일반코 6코를 잡아줍니다.
2. 코를 늘려 메리야스뜨기 18단 떠주고 남은 코는 쉼코로 놓고 실을 자릅니다.
3. 다시 13코 잡아 메리야스뜨기 34단을 떠줍니다.
4. 다음 단은 손바닥의 13코와 엄지의 8코를 합쳐 떠줍니다(총 21코).
5. 메리야스뜨기로 뜨다가 손등을 만들어주었던 것처럼 코를 늘리고 각각의 손가락을 따로 떠줍니다.

만드는 방법 (마무리 및 연결)
1. 손바닥과 손등의 솔기를 연결해주는데 반코에서 연결해줍니다.
2. 벌어지는 부분이 없도록 자투리 실로 꼼꼼하게 꿰매줍니다.
3. 장갑을 뒤집어서 실 정리를 해줍니다.
4. 대칭으로 오른손을 떠서 장갑을 완성해줍니다.

KNITTING DESIGN

왼손 상세 도안

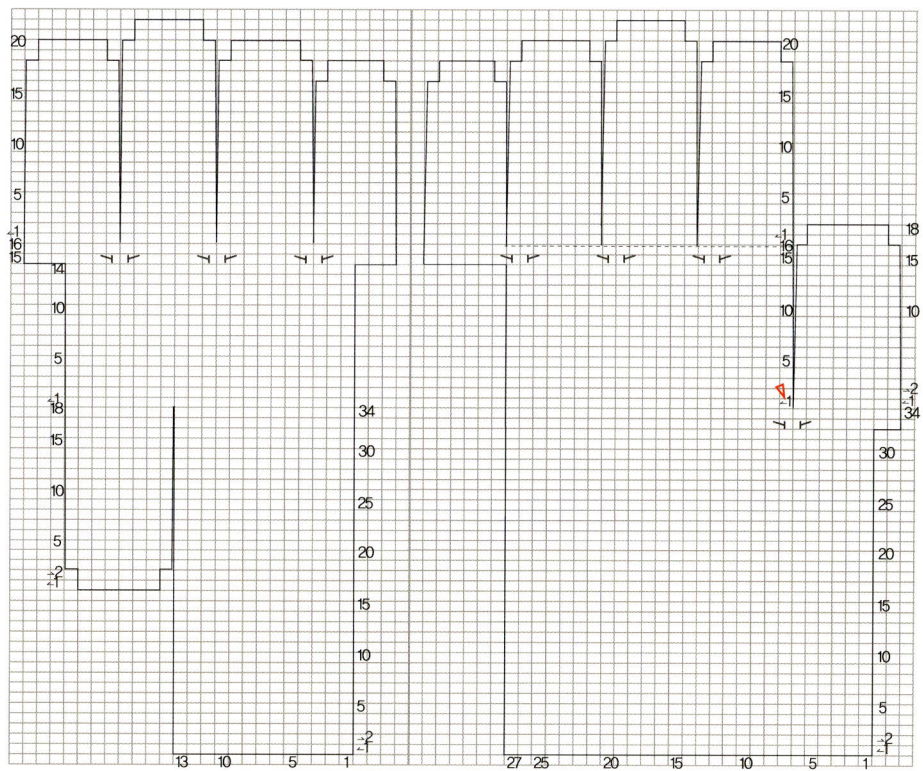

오른손 상세 도안

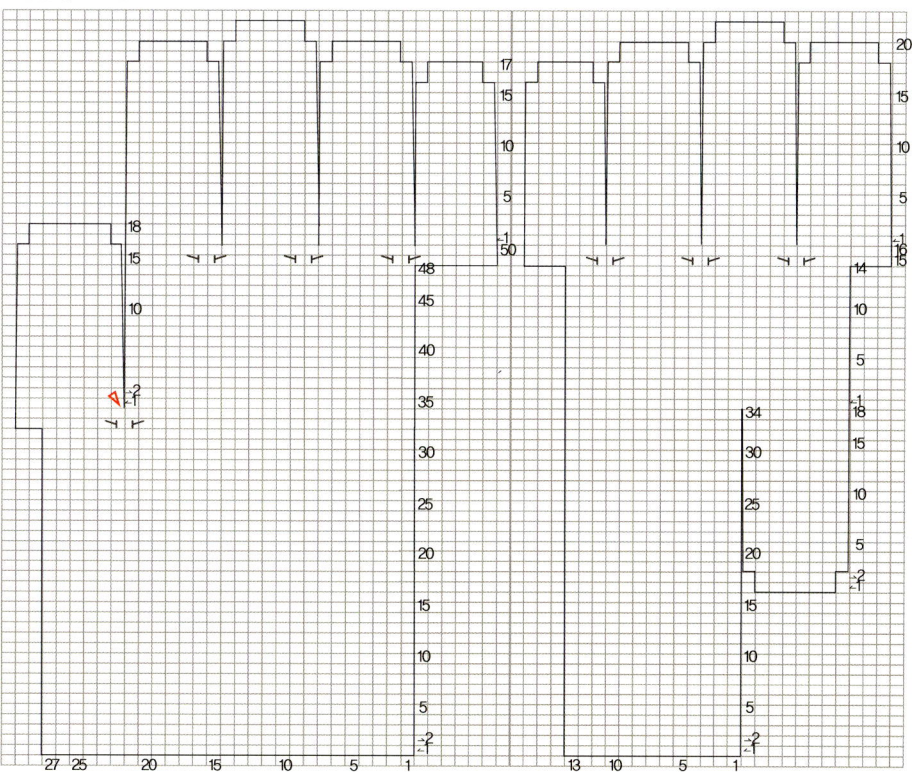

14
와플 고깔 비니

필요한 준비물 ☐ 케시론. (여) 네온귤색 1볼, (남) 블루 2볼, 대바늘 5.5mm, 돗바늘

완성 치수 ☐ 머리둘레 (여) 52cm (남) 56cm

만드는 방법
1. 일반 코잡기로 86(92)코 잡아줍니다.
2. 양쪽 1코씩은 메리야스뜨기로 뜨고 나머지 코는 1코 2단 멍석뜨기를 떠줍니다.
3. 30(34)단까지 뜨고 6등분으로 나누어 코를 줄여줍니다. 줄여주는 과정에서 멍석뜨기의 모양이 약간 변경되나 전체적인 무늬에는 영향을 미치지 않습니다. 줄임 부분은 더 자연스러운 모양이 나올수 있도록 알맞은 방법으로 줄여주세요.
4. 남아 있는 8코는 돗바늘로 오므려줍니다.
5. 옆 솔기를 연결해줄 때는 밑에서 약 10cm 정도 솔기가 보이게 연결해줍니다.

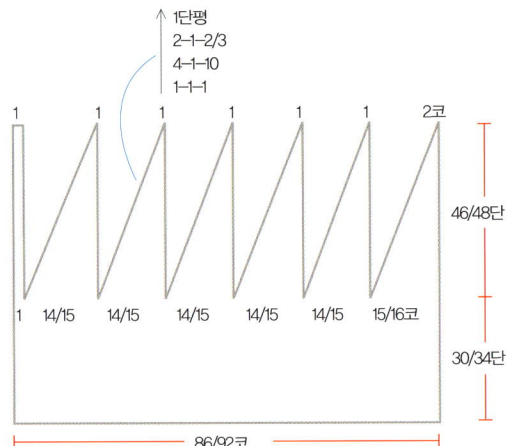

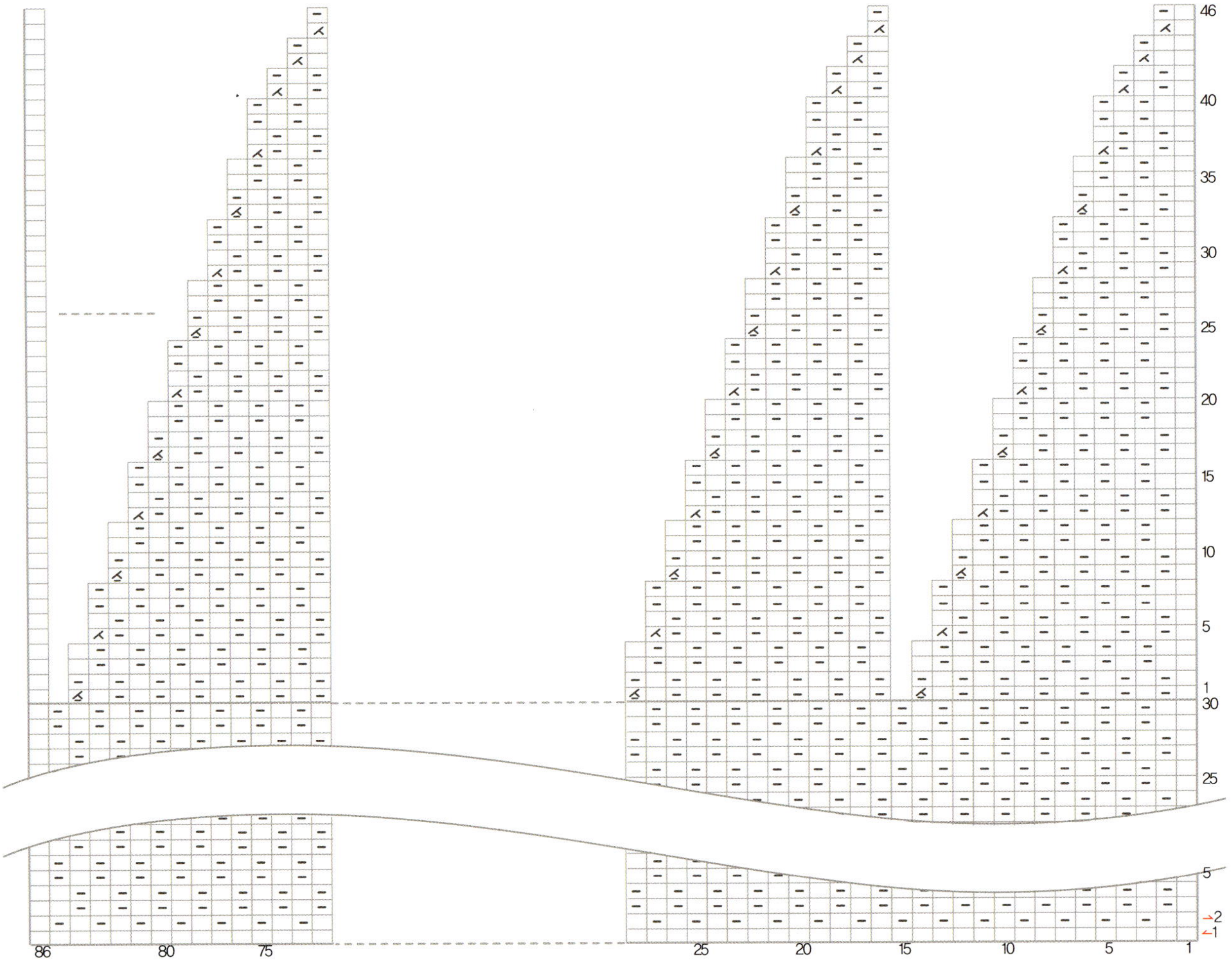

KNITTING DESIGN

15
모스크바 귀달이 모자

필요한 준비물 □ 샐리. (여) 베이지 2볼, (남) 연청회색 2볼, 대바늘 6.0mm, 돗바늘, 콧수링, 단추 각 1개, 샤무드끈 약 10cm씩 2개

완성 치수 □ 머리둘레 (여) 약 43cm, (남) 약 47cm

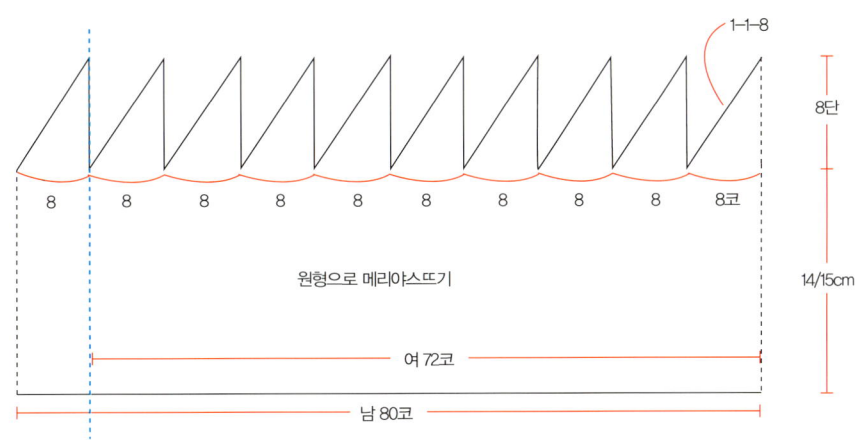

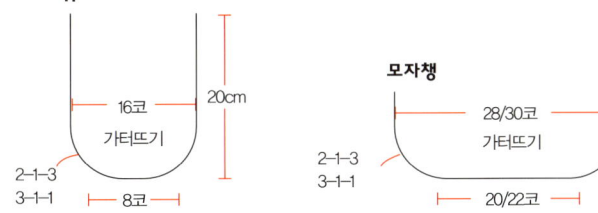

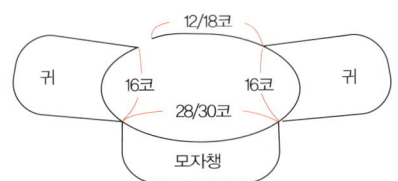

일반코로 12/18코 잡아준후
귀, 모자챙, 반대쪽 귀를 순서대로 떠주고
원형으로 모아 떠줍니다.

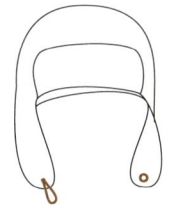

단추는 귀 안쪽에 끈은 귀 겉쪽에
일반 실과 바늘을 이용하여 달아줍니다.

만드는 방법 [여(남)]

1. 6.0mm 대바늘을 사용하여 일반코 8코를 만듭니다.
2. 가터뜨기로 뜨면서 양쪽으로 코를 늘려 16코로 만들어 약 20cm 떠줍니다(코가 잘 보이지 않기 때문에 길이로 재어 사이즈를 조절해야 함).
3. 남은 코는 코막음하지 않고 쉼코로 남겨줍니다.
4. 다른 한쪽의 귀와 모자챙도 만들어줍니다.
5. 일반코로 12(18)코 잡은 후 계속 이어서 귀, 모자챙, 다른 쪽 귀를 연결해서 떠줍니다.
6. 총 72(80)코가 되고 원형으로 잡아 메리야스뜨기를 해줍니다.
7. 약 14(15)cm까지 뜬 후 9(10)등분으로 나누고 매단 1코씩 줄여 떠줍니다.
8. 남은 코는 돗바늘을 이용하여 모아주고 실 정리를 해줍니다.
9. 모자챙은 위로 올려 테두리를 꿰매어 고정시켜줍니다.
10. 샤무드 끈과 단추를 달아줍니다.
11. 남은 실을 정리하고 모자를 완성해줍니다.

16
롱테일 뒤트임 비니

필요한 준비물 □ 클래식 뮤직. (여) 멜란 올리브A 2볼, (남) 믹스 오렌지 2볼, 대바늘 7.0mm, 돗바늘
완성 치수 □ 머리둘레 (여) 약 52cm, (남) 약 56cm
게이지 10 × 10(cm) □ 11.5코 16단

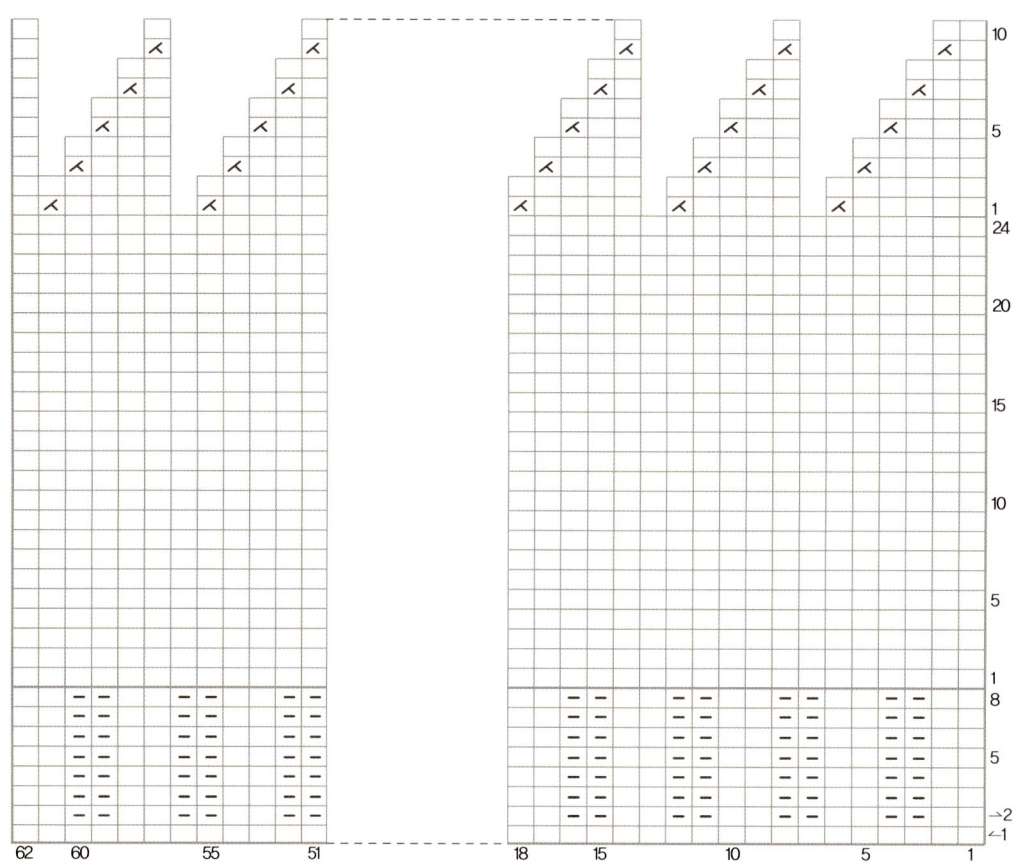

모자 상세 도안(여)

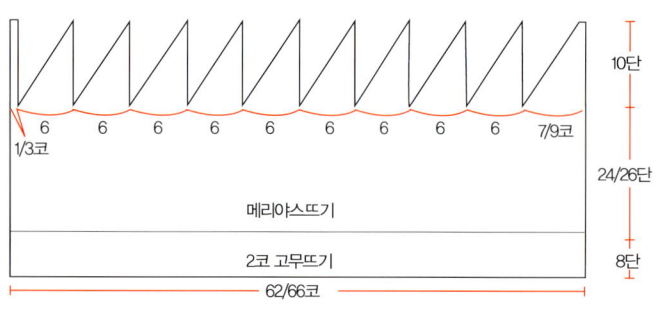

만드는 방법 [여(남)]

1. 7.0mm 대바늘을 사용하여 일반코 62(66)코를 만듭니다.
2. 뒤로 돌려 안뜨기 2코로 시작하여 2코 고무뜨기 8단을 떠줍니다.
3. 메리야스뜨기로 바꾸어 24(26)단을 떠줍니다.
4. 10등분하여 코를 줄여줍니다(도안 참고).
5. 2단에 한 번씩 10군데에서 5번 줄여주면 12(16)코가 남습니다.
6. 남아 있는 코를 돗바늘로 오므려주고 옆 솔기를 연결해줍니다.
7. 옆 솔기는 밑부분에서 약 10cm 정도는 남기고 연결해줍니다.
8. 실을 약 1m로 3가닥 잘라 반으로 접어 모자 양쪽에 달아주고 3갈래로 나누어 머리 땋듯이 엮어줍니다.
9. 마무리를 하고 실 정리하여 완성해줍니다.

17
심플라인 비니

필요한 준비물 □ 지니울. (여) 연그레이 2볼, 에메랄드그린 1볼, (남) 연그레이 2볼, 하늘색 1볼, 대바늘 4.5mm, 돗바늘
완성 치수 □ 모자길이 (남) 약 30cm, (여) 약 28cm
게이지 10 × 10(cm) □ 2코 고무뜨기, 4.5mm 대바늘: 12코 × 27단

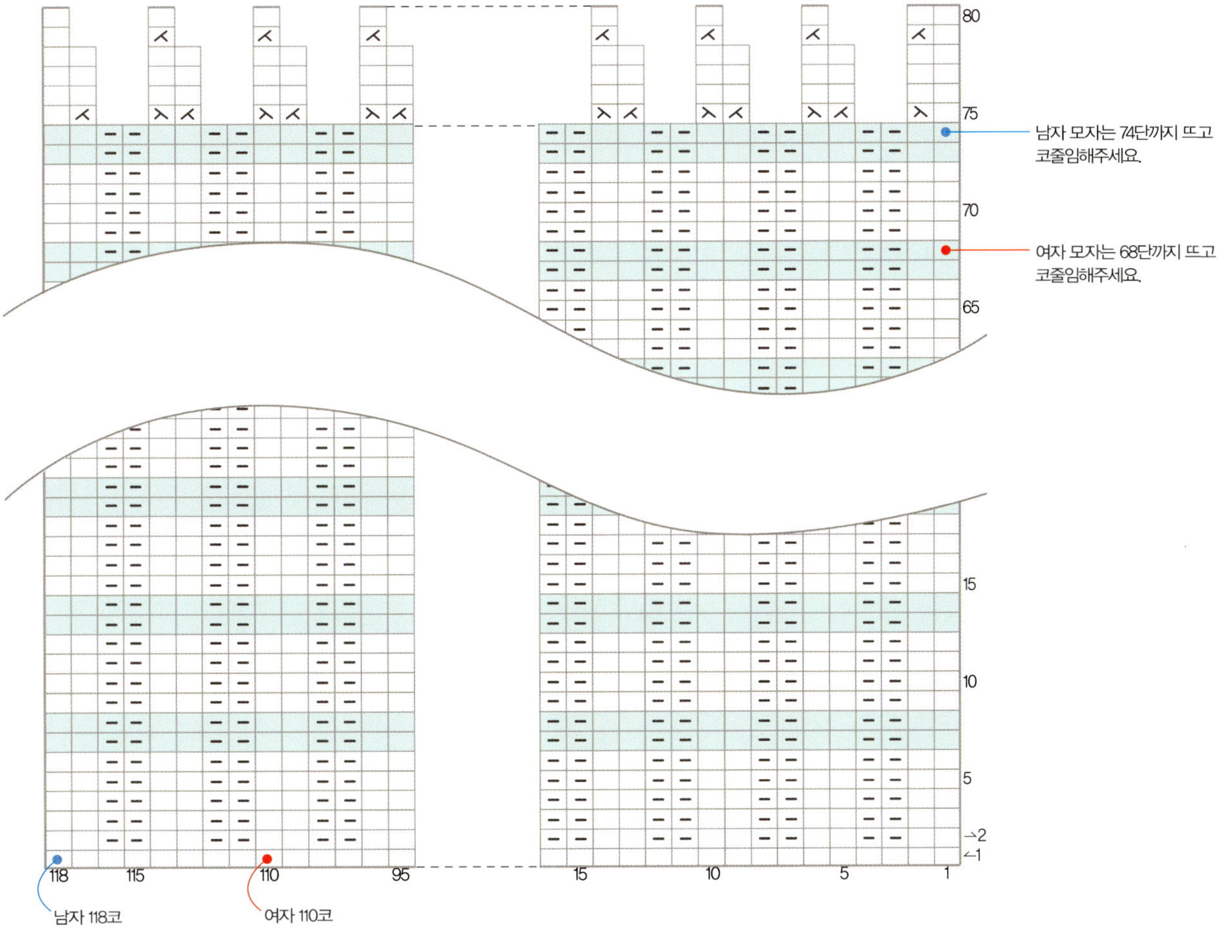
80
75
70
65
15
10
5
→2
←1
118
115
110
95
15
10
5
1
남자 모자는 74단까지 뜨고 코줄임해주세요.
여자 모자는 68단까지 뜨고 코줄임해주세요.
남자 118코
여자 110코

만드는 방법 [여(남)]

1. 4.5mm 대바늘을 사용하여 회색 실로 일반코 110(118)코를 만듭니다.
2. 뒤로 돌려 안뜨기 2코로 시작하여 2코 고무뜨기를 떠줍니다.
3. 6단을 뜨고 배색실로 바꾸어 2단을 떠줍니다.
4. 도안을 참고하여 회색 4단 배색실 2단을 반복하여 떠줍니다.
5. 68(74)단 약 26(29)cm까지 뜬 후 코줄임을 해줍니다.
6. 남아 있는 코를 돗바늘을 이용하여 오므려주고 옆 솔기를 연결해 완성해줍니다.

18
멜로우 꽈배기 니트

필요한 준비물 □ 로덴, (여) 퍼플 9볼, (남) 아이보리 12볼, 대바늘 6.5mm, 코바늘, 돗바늘
완성 치수 □ 가슴둘레 (여) 약 100cm, (남) 약 110cm
게이지 10 × 10(cm) □ 무늬뜨기, 12코 18단

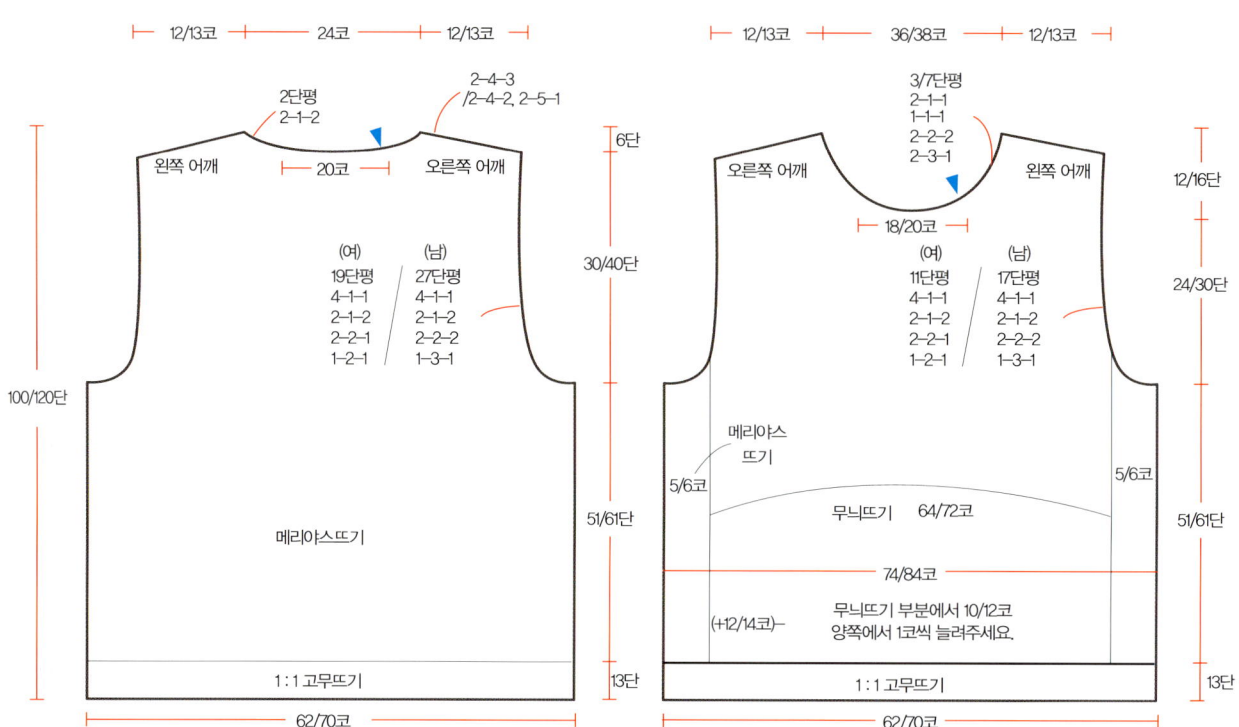

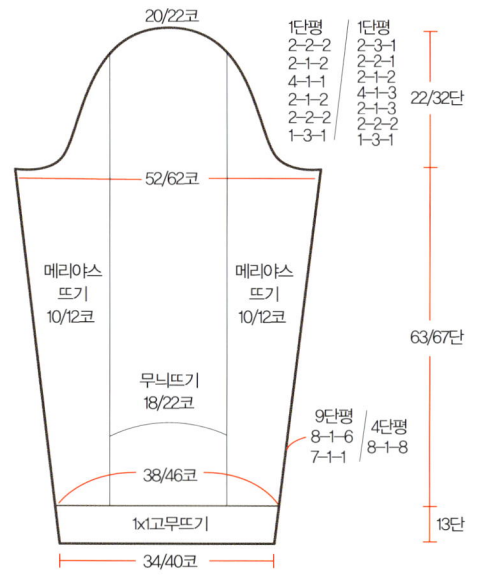

뒤판 만드는 법 [여(남)]
1. 6.5mm 대바늘을 사용하여 62(70)코를 만듭니다.
2. 1코 고무뜨기로 13단을 뜨고 안뜨기로 시작해 메리야스뜨기로 51(61)단을 떠줍니다.
3. 도안을 참고하여 양쪽 진동줄임을 해줍니다.
4. 진동줄임을 한 후 오른쪽 어깨처짐을 해주면서 목줄임을 해주고 남아 있는 12(13)코는 쉼코로 두고 실을 끊습니다.
5. ▼에 실을 달아 20코 코막음 하고 왼쪽 목줄임과 어깨처짐을 만들어줍니다.
6. 마찬가지로 남아 있는 12(13)코는 쉼코로 둡니다.

앞판 만드는 법 [여(남)]
1. 6.5mm 대바늘을 사용하여 62(70)코 잡아 1코 고무뜨기 13단을 뜹니다.
2. 안뜨기로 뜨면서 12(14)코를 늘려 74(84)코로 만들어줍니다.
3. 가운데는 무늬뜨기, 양쪽은 메리야스뜨기하면서 51(61)단까지 뜬 후 도안을 참고하여 양쪽 진동줄임을 해줍니다.
4. 진동줄임을 한 후 왼쪽 목줄임을 해주다가 어깨처짐을 만들어줍니다. 남아 있는 12(13)코는 쉼코로 두고 실을 끊습니다.
5. ▼에 실을 달아 18(20)코 코막음을 하고 왼쪽 목줄임과 어깨처짐을 만들어줍니다.
6. 마찬가지로 남아 있는 12(13)코는 쉼코로 둡니다.

KNITTING DESIGN

여자 무늬뜨기

남자 무늬뜨기

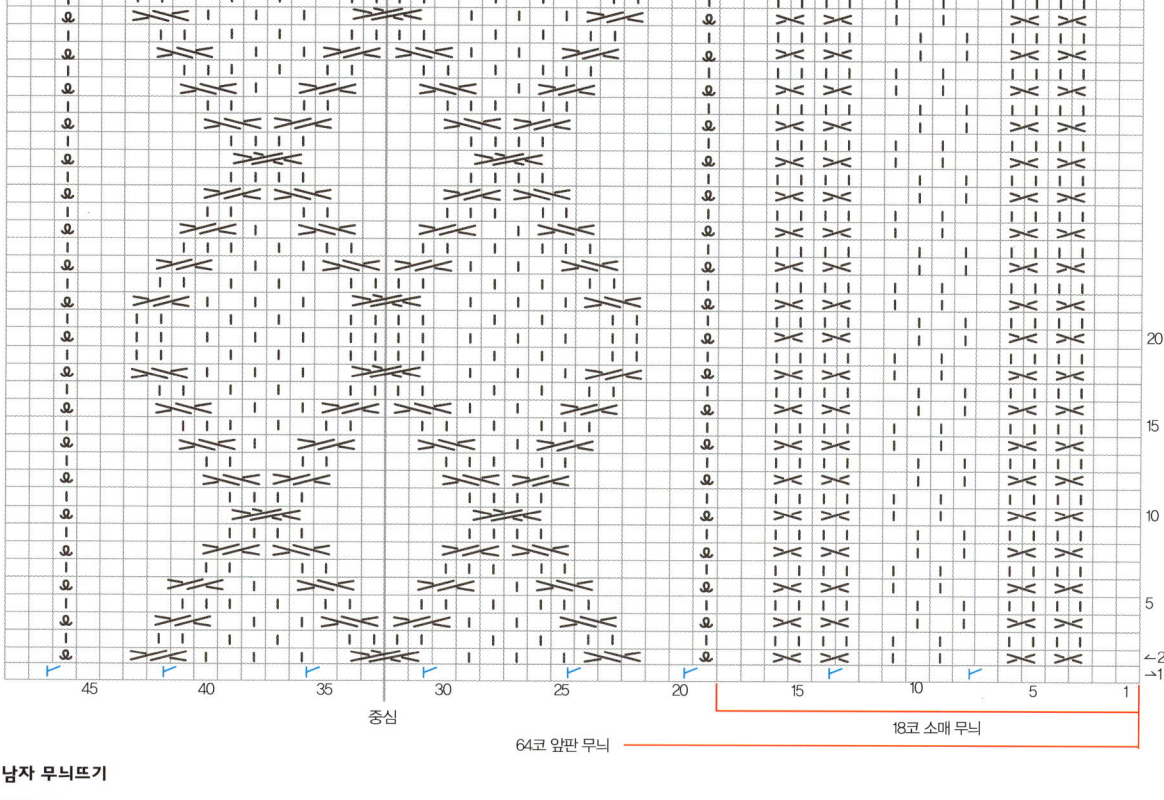

마무리 연결하기

1. 코바늘로 앞판과 뒤판의 양쪽 어깨를 연결해주세요.
2. 앞판과 뒤판의 옆 솔기를 연결해주세요.
3. 소매 옆 솔기를 이어준 후 진동과 연결해주세요.
4. 목둘레에서 총 76/92코 잡아 1:1 고무뜨기 6단을 떠주세요.

143

남자 목둘레와 어깨처짐

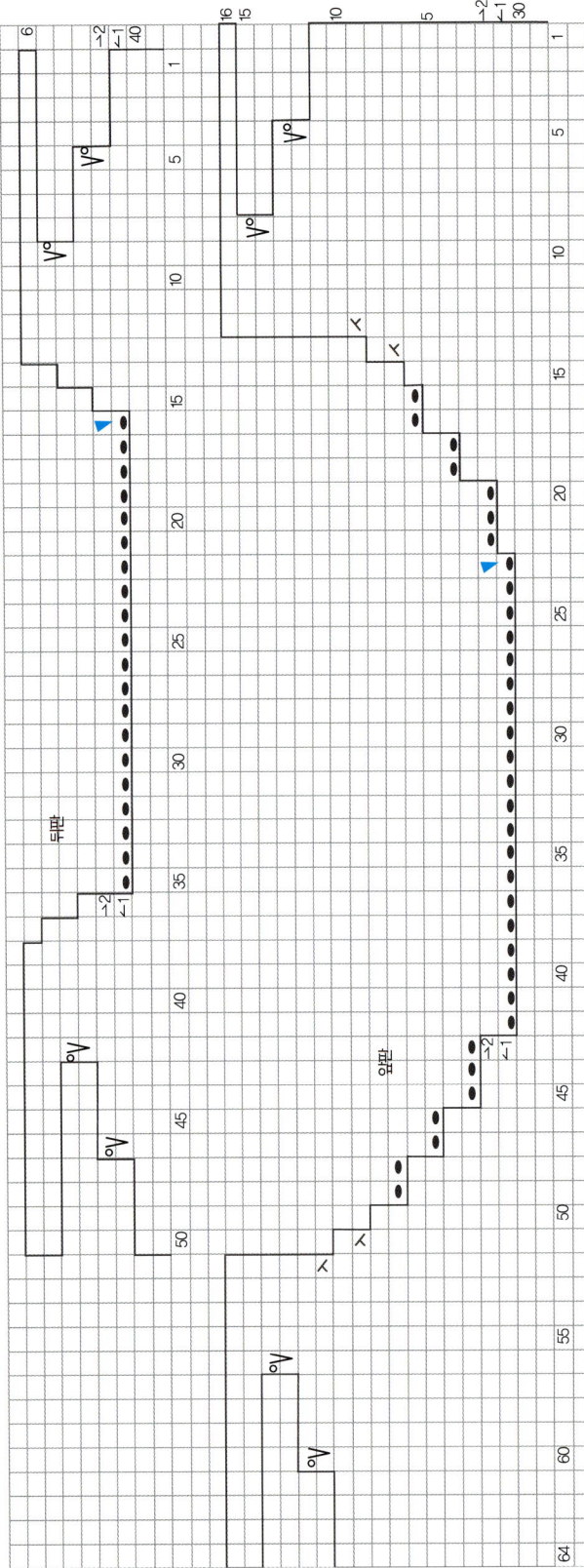

소매 만드는법 [여(남)]

1. 6.5mm대바늘로 일반코 잡반코 34(40)코를 잡아 1코 고무뜨기 13단을 뜹니다.
2. 안뜨기를 하면서 4(6)코를 늘린 후 가운데는 무늬뜨기, 양쪽은 메리야스뜨기하면서 양쪽으로 코를 늘려줍니다.
3. 63(67)단까지 뜬 후 양쪽으로 코를 줄여 소매산을 만들어줍니다.
4. 남아 있는 20(22)코는 코막음을 해줍니다.
5. 같은 방법으로 한 장 더 만들어줍니다.

19

안단테 스웨터

필요한 준비물 □ 스마트. (여) 멜란 그레이 4볼 머스타드, 와인, 진회색 각 2볼, (남) 백아이보리 8볼, 블루, 진회색 각 2볼 총 10볼, 대바늘 5.0mm, 5.5mm, 코바늘, 돗바늘

완성 치수 □ 가슴둘레 (여) 약 100cm, (남) 약 110cm

게이지 10 × 10(cm) □ 무늬뜨기, 19코 26단

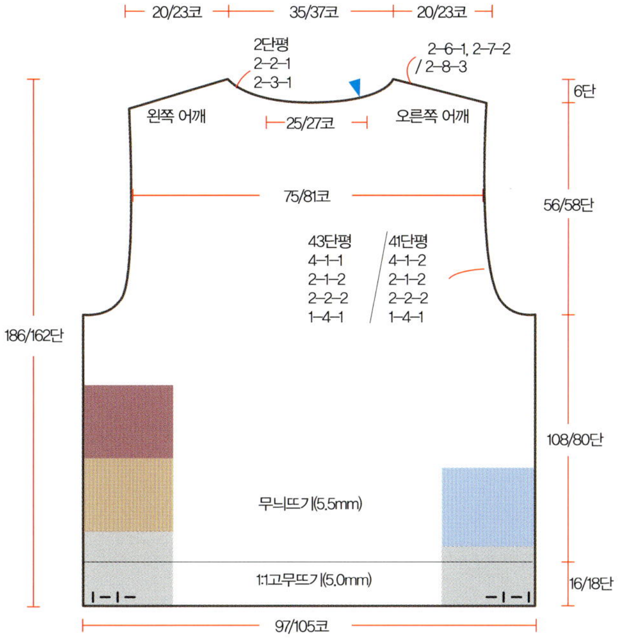

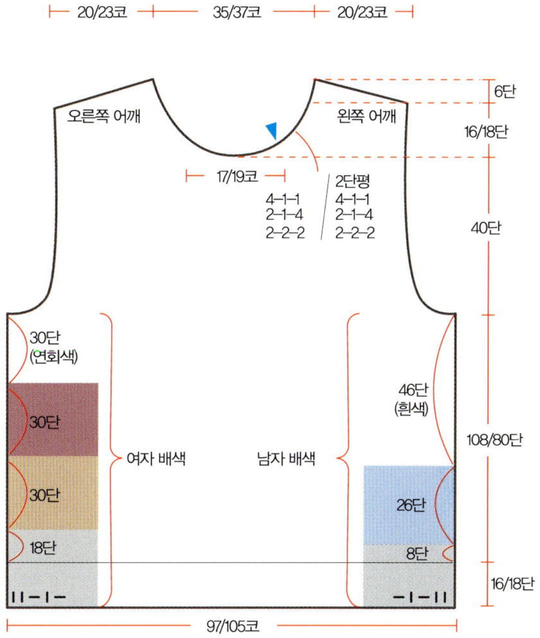

소매 만드는방법

소매 만드는 방법

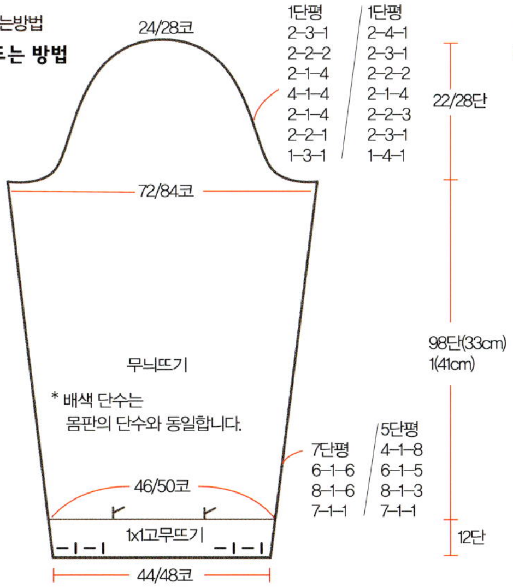

마무리 연결하기

마무리 연결하기 1. 목둘레에서 총 106(112)코 잡아 1:1 고무뜨기 5(7)단 떠주고 돗바늘로 코막음 해줍니다.

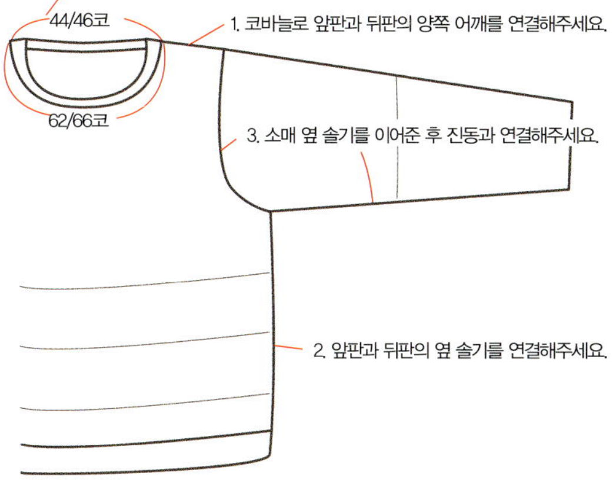

뒤판 만드는 법 [여(남)]

1. 5.0mm 대바늘을 사용하여 97(105)코를 만듭니다.
2. 1코 고무뜨기로 16(18)단을 뜨고, 5.5mm 바늘로 바꾸어 무늬뜨기하면서 배색하여 108(80)단을 떠줍니다.
3. 도안을 참고하여 양쪽 56(58)단 진동줄임을 해줍니다.
4. 진동줄임을 한 후 오른쪽 어깨처짐을 해주면서 목줄임을 해주고 남아 있는 20(23)코는 쉼코로 두고 실을 끊습니다.
5. ◀에 실을 달아 25(27)코 코막음 하고 왼쪽 목줄임과 어깨처짐을 만들어줍니다.
6. 마찬가지로 남아 있는 20(23)코는 쉼코로 둡니다.

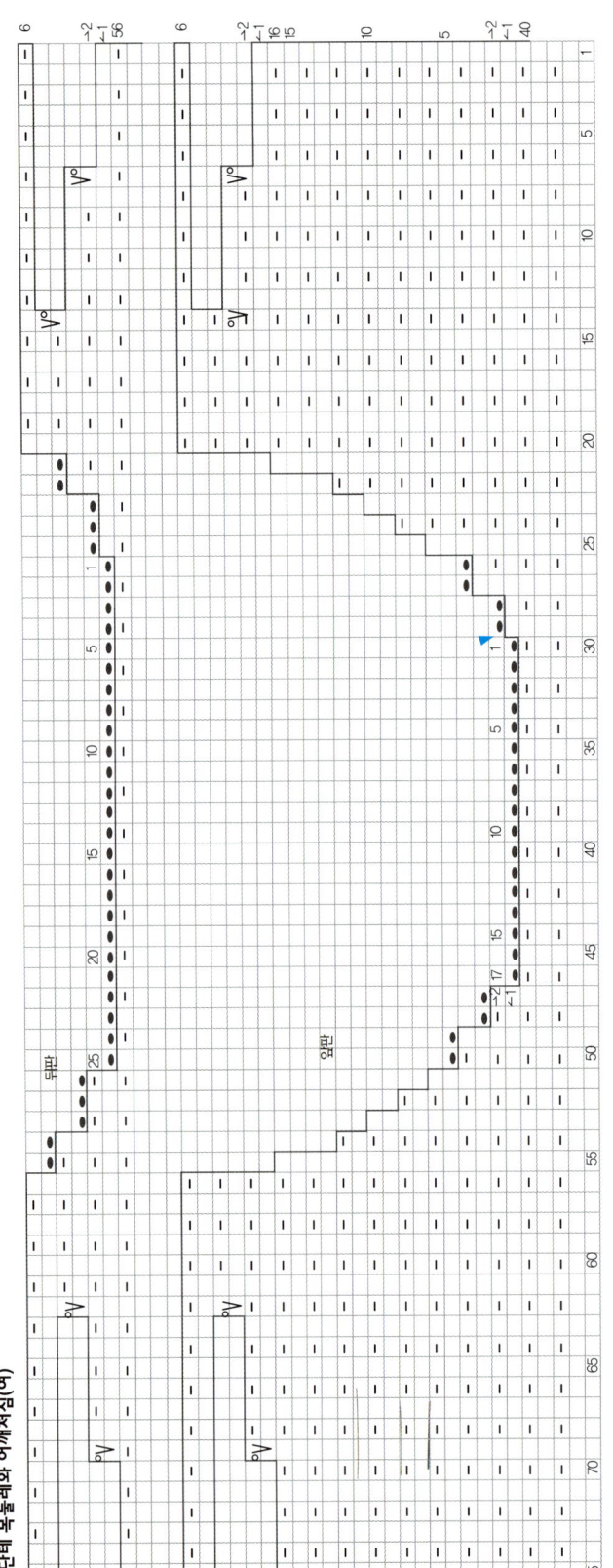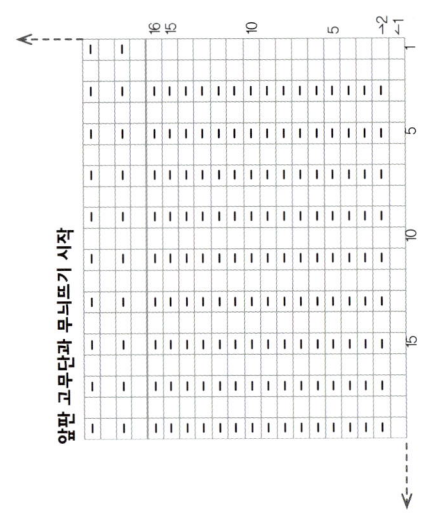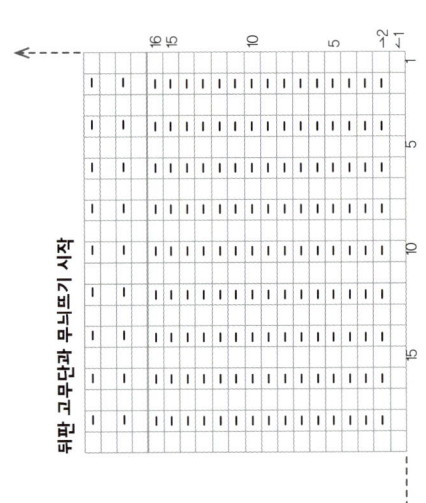

20
레글런 롱 카디건

필요한 준비물 □ 크레페, (여) 믹스 핑크 7볼, (남) 믹스 청회색 10볼, 대바늘 4.5mm, 5.0mm, 5.5mm, 돗바늘
완성 치수 □ 가슴둘레 (여) 약 100cm, (남) 약 120cm
게이지 10 × 10(cm) □ 메리야스뜨기 5.5mm 대바늘 : 15.5코 × 21단

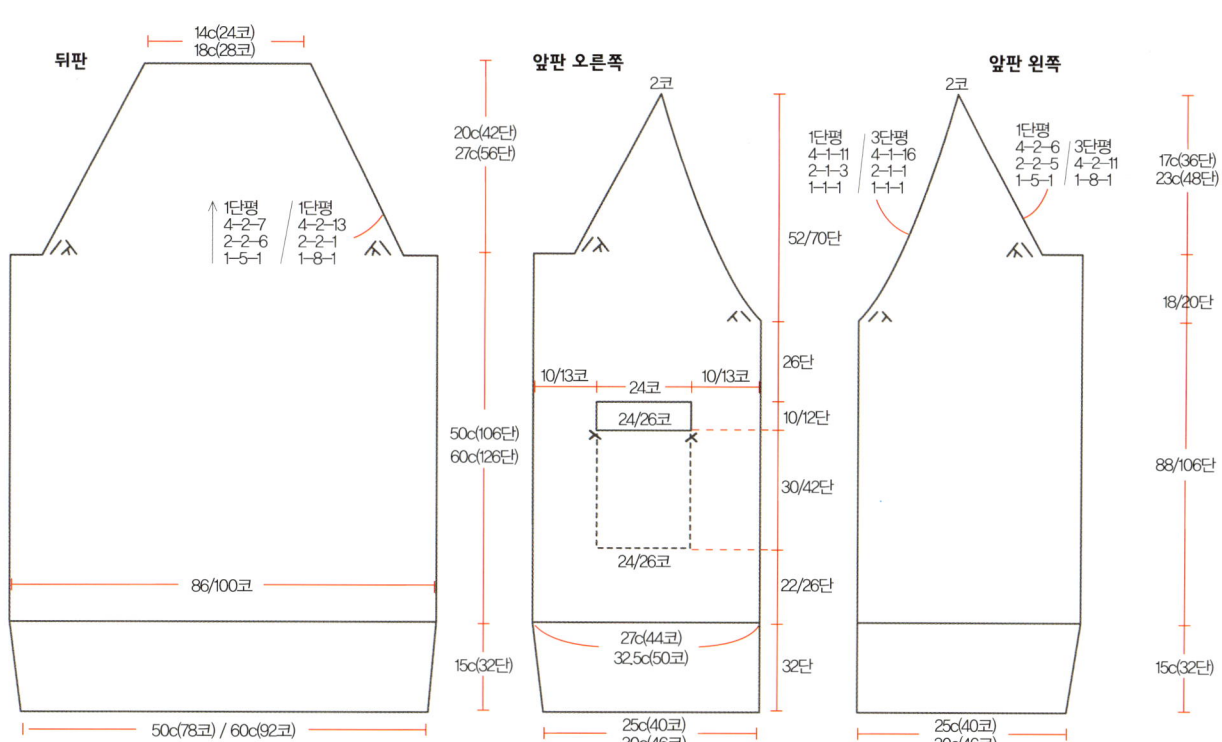

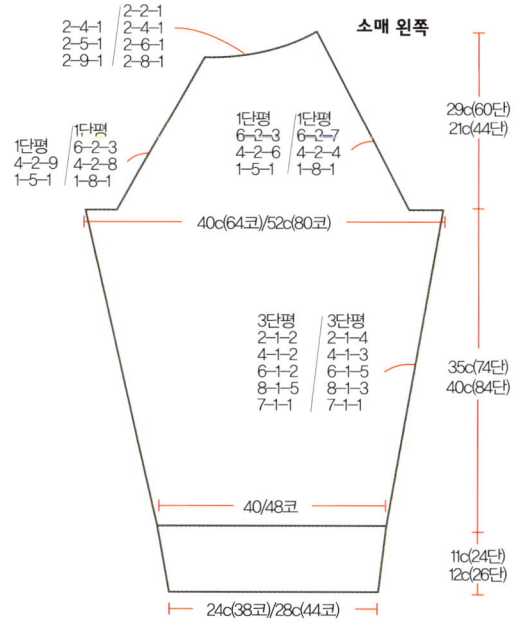

만드는 방법 (뒤판)
1. 5.0mm 바늘을 사용하여 1코 고무뜨기 코를 78(92)코 집아 32단 떠 줍니다.
2. 5.5mm 바늘로 바꾸어 메리야스뜨기 106(126)단 떠줍니다.
3. 양쪽으로 진동의 코를 줄이고 남은 24(28)코는 코막음을 합니다.

만드는 방법 (앞판 오른쪽)
1. 5.0mm 바늘을 사용하여 1코 고무뜨기 코를 40(46)코 집아 32단 떠 줍니다.
2. 5.5mm 바늘로 바꾸어 메리야스뜨기 52(68)단 떠줍니다.
3. 미리 만들어놓은 주머니를 달고 36(38)단 떠줍니다.
4. 앞 목줄임을 줄여주다가 진동줄임을 줄여주고 남은 2코는 코막음을 해줍니다.
5. 주머니의 고무단을 떠주고 솔기를 꿰매줍니다.
6. 대칭으로 앞판 왼쪽도 만들어줍니다.

마무리 연결

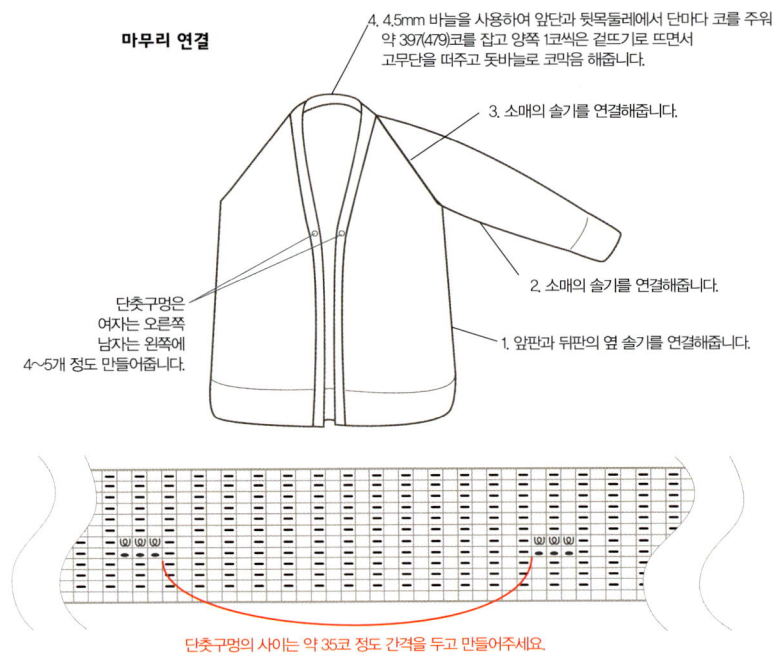

만드는 방법 〈소매〉

1. 5.0mm 바늘을 사용하여 1코 고무뜨기 코를 38(44)코 잡아 24(26)단 떠줍니다.
2. 5.5mm 바늘로 바꾸어 메리야스뜨기 하면서 2(4)코 늘려줍니다.
3. 양쪽으로 코를 늘려 74(84)단 까지 뜨고 소매산 줄임을 해줍니다.
4. 대칭으로 한장 더 만들어줍니다.

남자 소매산(왼쪽)

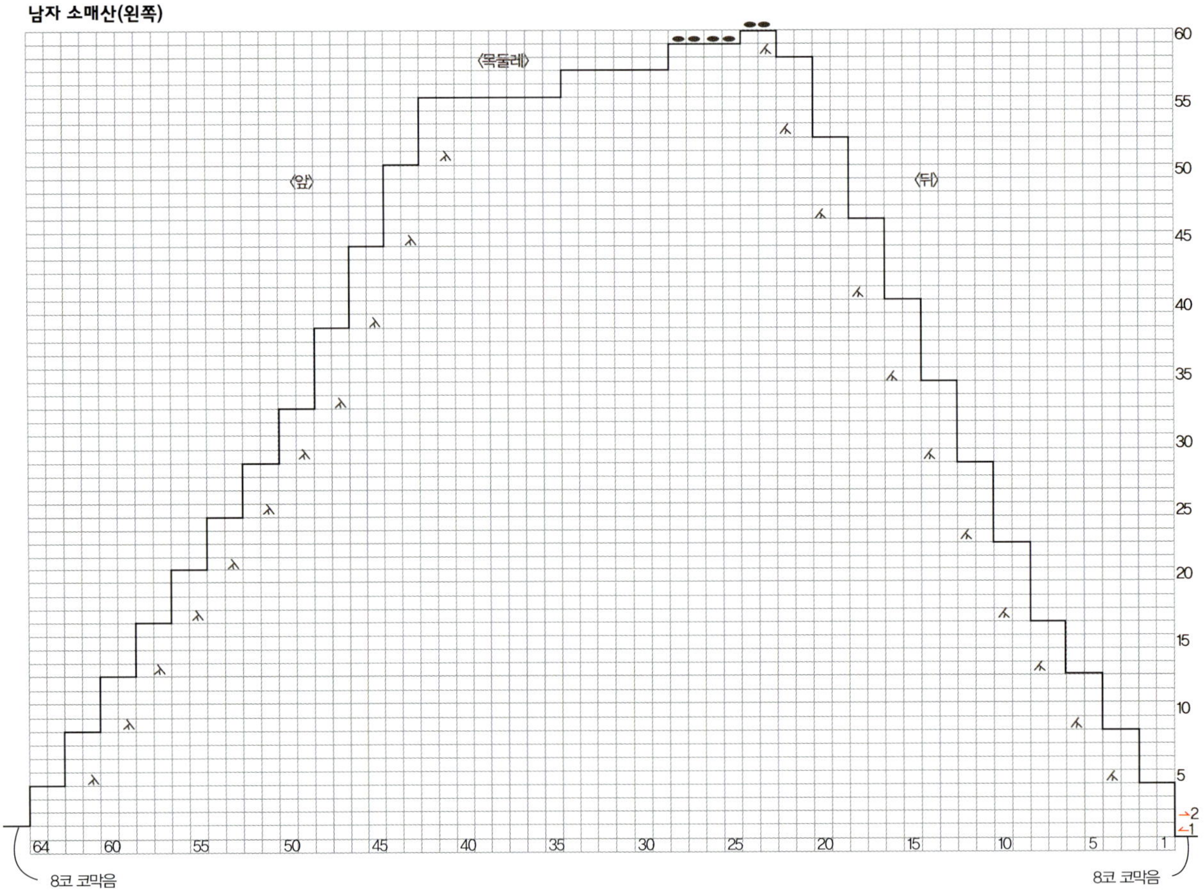

21
라떼 메쉬 베스트

필요한 준비물 □ 세븐이지. (여) 회색 5볼, (남) 흰색 6볼, 대바늘 5.0, 6.0mm, 코바늘, 돗바늘

완성 치수 □ 가슴둘레 (여) 약 100cm, (남) 약 110cm, 옷기장 (여) 약 63cm, (남) 약 65cm

게이지 10 × 10(cm) □ 6.0mm 대바늘 : 14코 × 24단

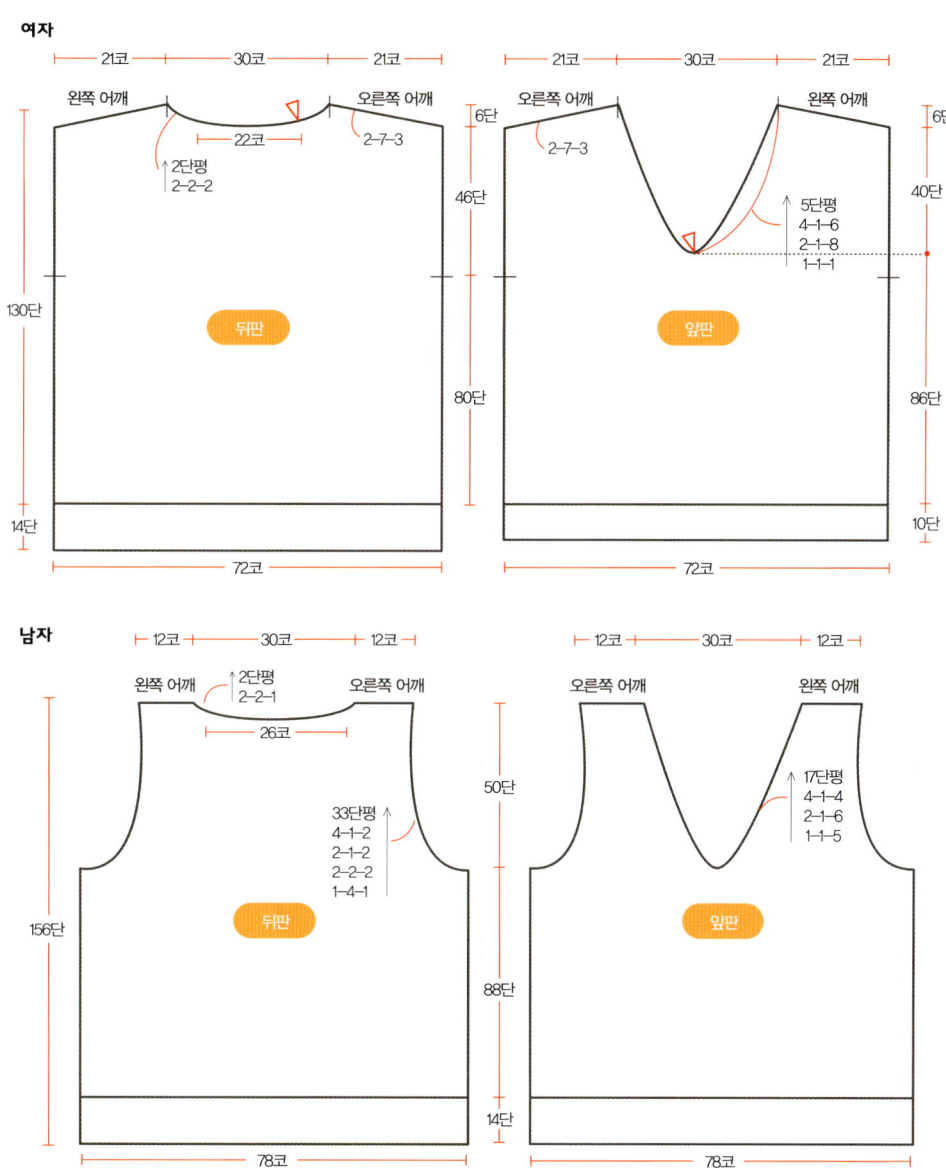

만드는 방법 (여)

1. 뒤판은 세븐이지 아이보리색을 6.0mm 바늘을 이용해 일반코 72코를 잡아줍니다.
2. 1코 고무뜨기 14단을 뜬 후 도안을 참고하여 무늬뜨기를 해줍니다.
3. 길이만큼 뜨다가 오른쪽 뒷목줄임과 어깨를 먼저 떠주고 남은 코는 쉼코로 둡니다.
4. ▽에 실을 달아 뒷목둘레 코막음을 하고 왼쪽 뒷목줄임과 어깨 경사뜨기를 해줍니다.
5. 마찬가지로 남아 있는 21코는 쉼코로 둡니다.
6. 앞판은 뒤판과 같은 방법으로 시작하여 고무뜨기는 10단만 떠줍니다.
7. 86단까지 뜬 후 도안을 참고하여 앞목의 코를 줄여가며 떠줍니다.
8. 왼쪽 어깨(도안의 오른쪽)를 먼저 떠주고 어깨 경사뜨기를 해준 후 남아 있는 코는 쉼코로 둡니다.
9. ▽에 실을 달아 오른쪽 목줄임과 어깨 경사뜨기를 해줍니다(도안의 왼쪽).
10. 마찬가지로 남아 있는 코는 쉼코로 둡니다.

여자 상세 도안

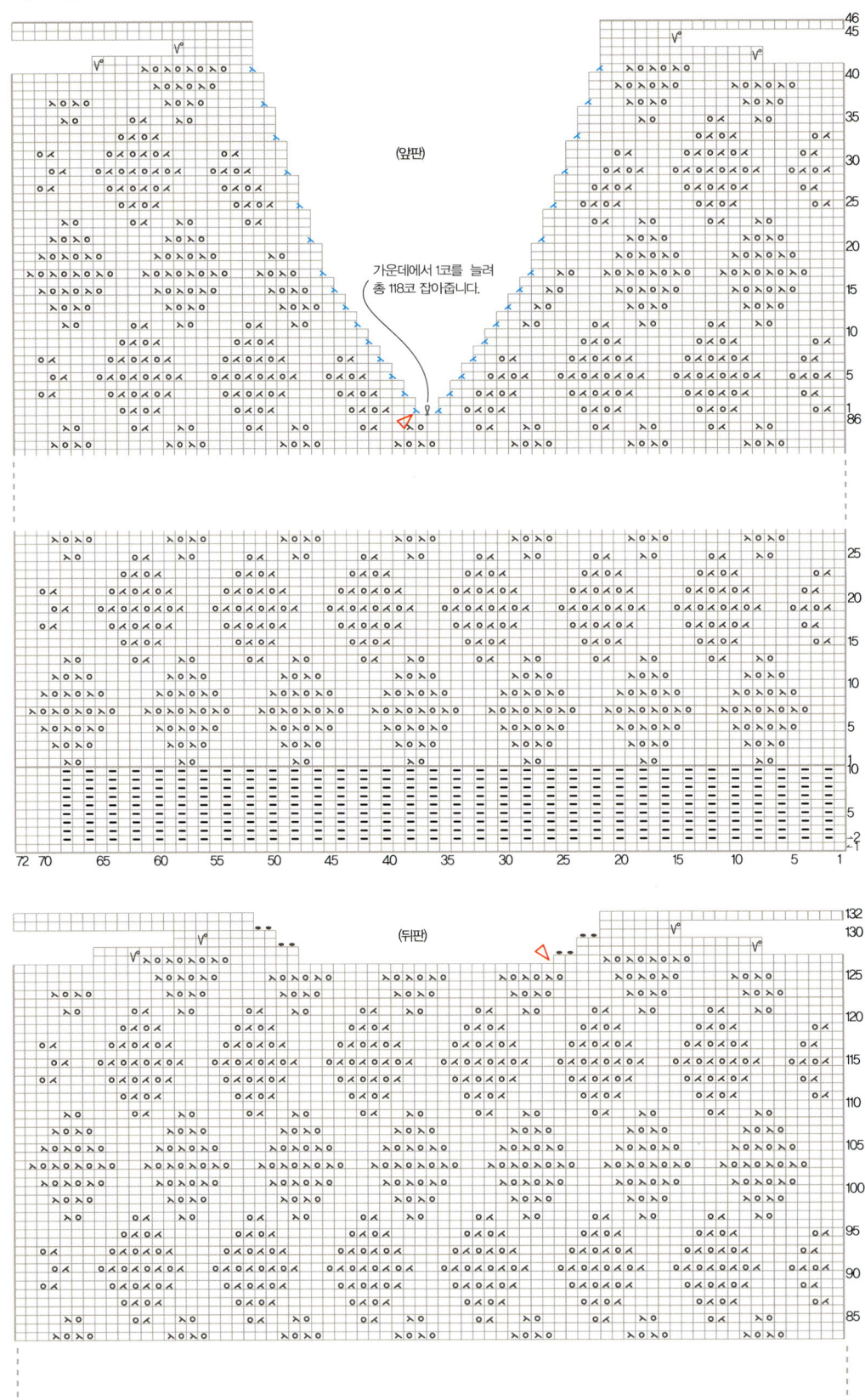

KNITTING DESIGN

남자 상세 도안

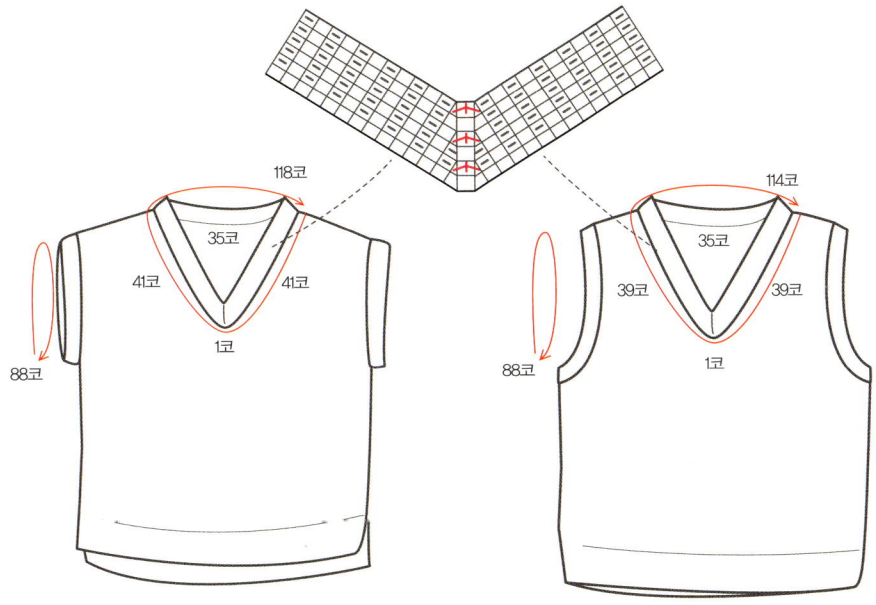

마무리 및 연결하기

1. 앞판과 뒤판을 다 뜬 후 코바늘을 이용하여 어깨를 연결해줍니다.
2. 안끼리 마주대고 옆 솔기를 연결해줍니다.
3. 5.0mm 바늘로 목둘레에서 118(114)코를 잡아 가운데 부분은 중심3코 모아뜨기를 하면서 떠줍니다.
4. 목둘레를 6단 떠주고 돗바늘로 코막음을 해줍니다.
5. 5.0mm 바늘로 소매둘레에서 코를 잡아 6단 뜨고 돗바늘로 코막음을 해줍니다.
6. 실 정리를 하고 완성해줍니다.

151

22
아가일 베스트

필요한 준비물 ☐ 매너. (여) 진그레이 3볼, 레드, 네이비 각 1볼 총 5볼,
(남) 진그레이 4볼, 네이비, 베이지 각 1볼 총 6볼,
대바늘 6.0mm, 5.0mm, 코바늘, 돗바늘
완성 치수 ☐ 가슴둘레 (여) 90cm, (남) 105cm
게이지 10 × 10(cm) ☐ 16코 × 17단

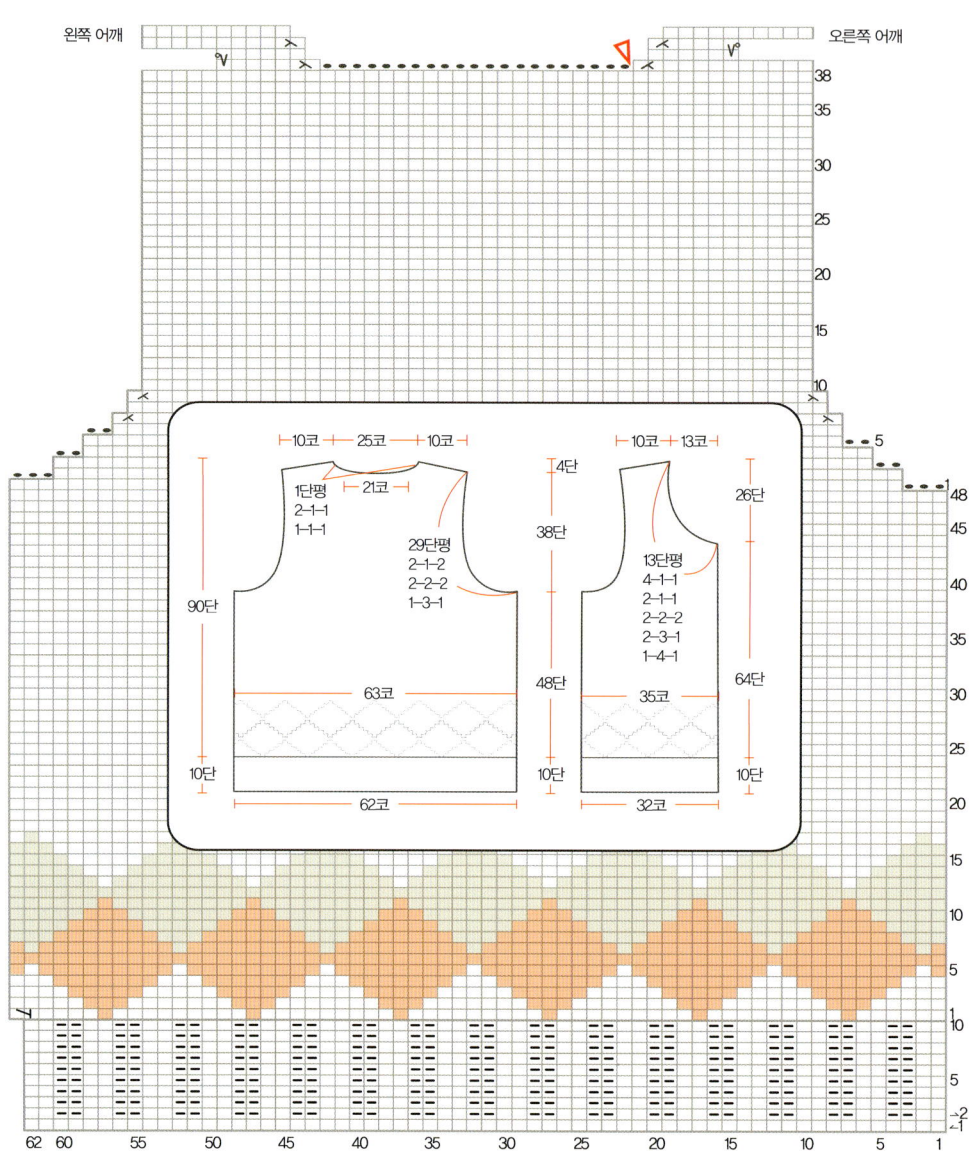

뒤판 만드는 방법 (여)
1. 6.0mm 바늘로 62코 잡아 2코 고무뜨기 10단을 뜹니다.
2. 메리야스뜨기로 뜨면서 1코를 늘려 63코로 만들어줍니다.
3. 도안과 같이 무늬대로 배색을 넣어줍니다.
4. 48단까지 뜬 다음 양쪽 진동줄임을 해줍니다(단수를 더 늘려 옷길이를 조절).
5. 오른쪽 어깨부터 뜨고 남은 10코는 쉼코로 둔 후 실을 잘라줍니다.
6. 다시 ▽ 부분에 실을 달아 코막음을 하고 왼쪽 어깨를 떠주고 남아 있는 10코는 쉼코로 둔 후 실을 잘라줍니다.

앞판 만드는 방법 (여)
1. 뒤판과 같은 방법으로 시작하여 떠줍니다.
2. 진동줄임을 하면서 목파임을 해줍니다.
3. 어깨 부분은 되돌아 뜨기를 하여 경사를 만들어줍니다.
4. 남아 있는 10코는 쉼코로 두고 실을 여유 있게 남겨두고 잘라줍니다.
5. 도안을 참고하여 대칭으로 다른 쪽도 만들어줍니다.

KNITTING DESIGN

단츳구멍과 단 배색하기

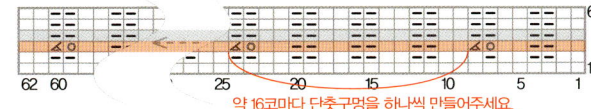

오른쪽 어깨　　　　　　　　　　　　　왼쪽 어깨

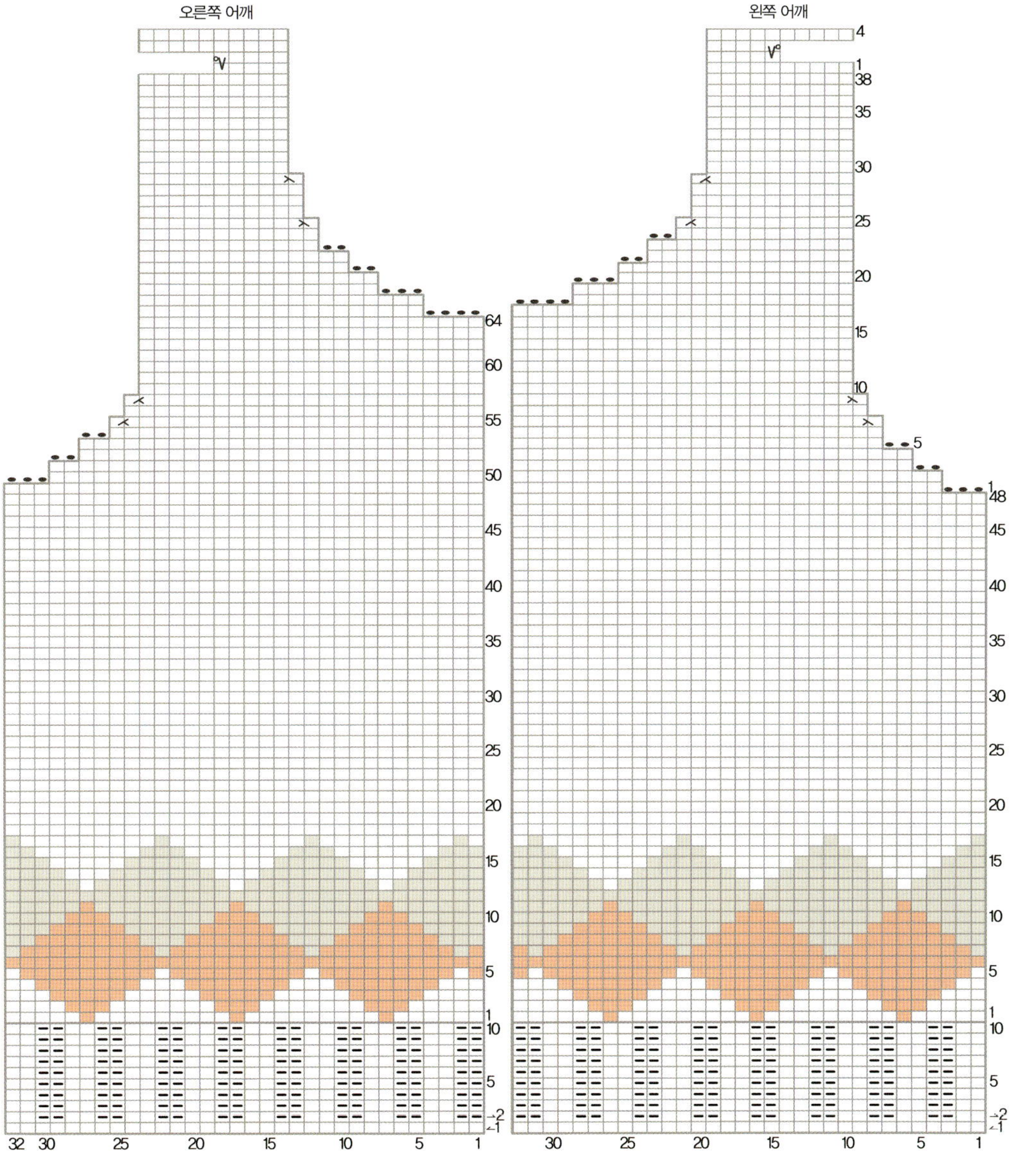

4. 목둘레에서 총 106코 잡아 2코 고무뜨기 6단 떠주고 돗바늘로 코막음을 해줍니다.

1. 코바늘로 앞판과 뒤판의 양쪽 어깨를 연결해주세요.

5. 진동둘레에서 84코 주워 배색하면서 원형으로 2코 고무뜨기 6단 떠주고 돗바늘로 코막음을 해줍니다.

2. 앞판과 뒤판의 옆 솔기를 연결해주세요.

3. 앞단에서 62코 주워 배색하면서 2코 고무뜨기 6단을 떠주고 돗바늘로 코막음을 해줍니다. 오른쪽 앞단에는 단츳구멍을 만들어줍니다.

153

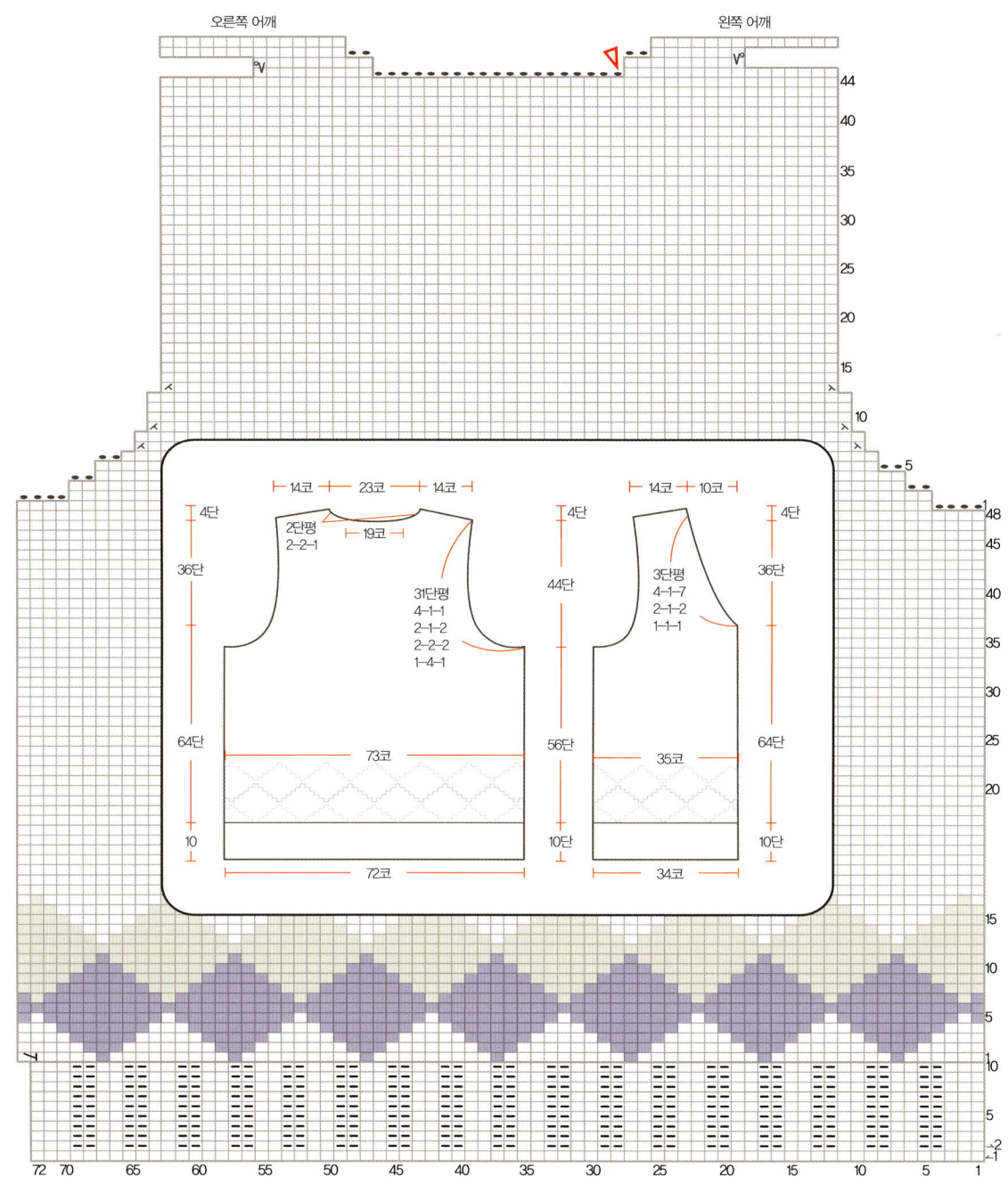

만드는 방법 (남)
여자옷 만드는 방법을 참고하여 떠주세요.

KNITTING DESIGN

오른쪽 어깨　　　　　　　　　왼쪽 어깨

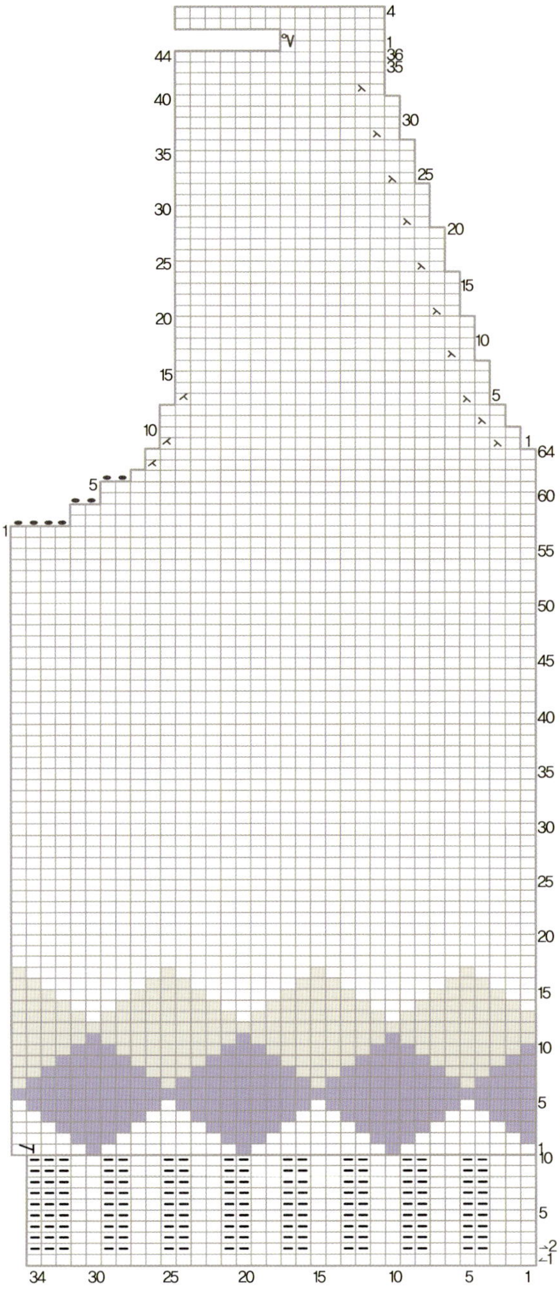

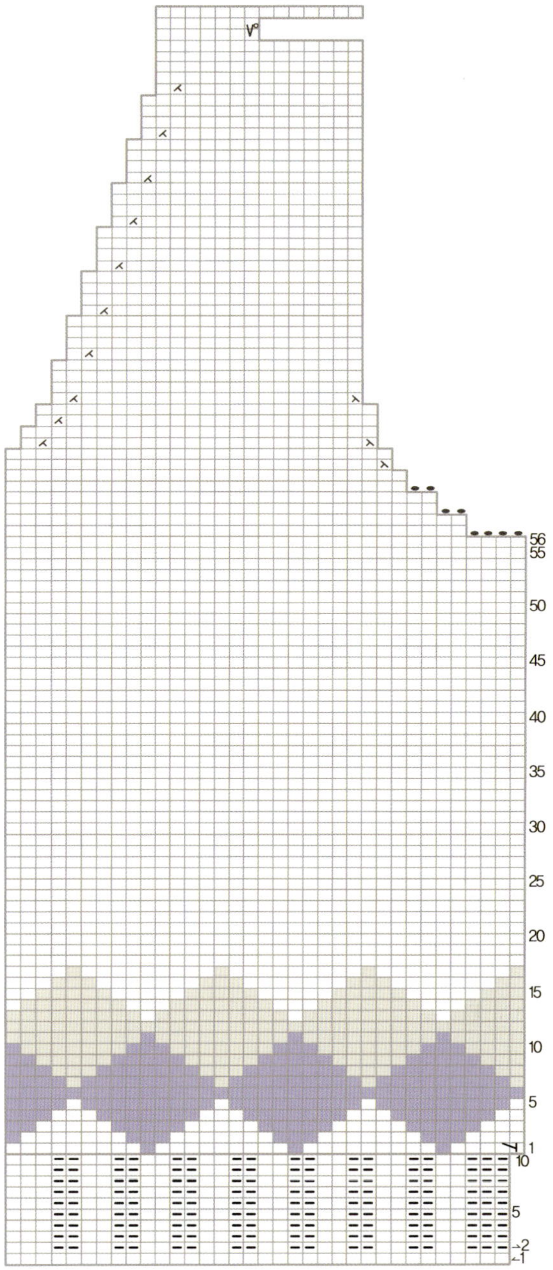

1. 코바늘로 앞판과 뒤판의 양쪽 어깨를 연결해주세요.

4. 5.0mm 바늘로 진동둘레에서 거의 모든 단의 코를 주워 92코를 배색하면서 원형으로 2코 고무뜨기 6단을 떠주고 돗바늘로 코막음을 해줍니다.

2. 앞판과 뒤판의 옆 솔기를 연결해주세요.

3. 5.0mm 바늘로 앞단에서 거의 모든 단의 코를 주워 254코를 배색하면서 2코 고무뜨기 6단을 떠주고 돗바늘로 코막음을 해줍니다. 왼쪽 앞단에 단춧구멍을 만들어줍니다.

즐거운 취미공예의 모든 재료와 부자재를 만날 수 있는

수공예 전문 기업 – 펠트하우스

펠트/원단/단추/소잉부자재 전문

FELT HOUSE
www.felthouse.co.kr

뜨개실/뜨개도구/수입취미도서 전문

Knitt
www.knitt.co.kr

본사 : 서울특별시 종로구 종로6가 27-1 경양빌딩 2층, 4층   문의 : 펠트하우스 1544-2374 / 니뜨 1544-2181